珍藏本
纪念版

汉译世界学术名著丛书

如何以言行事

1955年哈佛大学威廉·詹姆斯讲座

〔英〕J.L.奥斯汀 著

〔英〕J.O.厄姆森
〔意〕玛丽娜·斯比萨 编

杨玉成 赵京超 译

2017年·北京

John Langshaw Austin

HOW TO DO THINGS WITH WORDS

The William James Lectures delivered at Harvard University in 1955

Edited by J. O. Urmson and Marina Sbisà

Oxford University Press, 1975

本书根据英国牛津大学出版社 1975 年版译出

汉译世界学术名著丛书
（120 年纪念版·珍藏本）
出 版 说 明

2017 年 2 月 11 日，商务印书馆迎来 120 岁的生日。120 年前，商务印书馆前贤怀揣文化救国的理想，抱持“昌明教育，开启民智”的使命，立足本土，放眼寰宇，以出版为津梁，沟通中西，为中国、为世界提供最富智慧的思想文化成果。无论世事白云苍狗，潮流左右激荡，甚至战火硝烟弥漫，始终践行学术报国之志，无改初心。

迻译世界各国学术名著，即其一端。早在 20 世纪初年便出版《原富》《天演论》等影响至今的代表性著作，1950 年代后更致力于外国哲学和社会科学经典的译介，及至 1980 年代，辑为“汉译世界学术名著丛书”，汇涓为流，蔚为大观。丛书自 1981 年开始出版，历时三十余年，迄今已推出七百种，是我国现代出版史上规模最大、最为重要的学术翻译工程。

丛书所选之书，立场观点不囿于一派，学科领域不限于一门，皆为文明开启以来，各时代、各国家、各民族的思想与文化精粹，代表着人类已经到达过的精神境界。丛书系统译介世界学术经典，引领时代思想，为本土原创学术的发展提供丰富的文化滋养，为推动中国现代学术和现代化进程做出了突出的贡献。

为纪念商务印书馆成立120周年，我们整体推出“汉译世界学术名著丛书”120年纪念版的珍藏本，寄望既利于文化积累，又便于研读查考，同时向长期支持丛书出版的译者、编者和读者致以敬意。

两甲子后的今天，商务印书馆又站在了一个新的历史时间节点上。我们不仅要铭记先辈的身影和足迹，更须让我们的步伐充满新的时代精神。这是商务人代代相传的事业，更是与国家和民族的命运始终紧密相连的事业。我们责无旁贷，必须做好我们这代人的传承与创造，让我们的努力和成果不仅凝聚成民族文化的记忆，还能成为后来人可以接续的事业。唯此，才能不负前贤，无愧来者。

商务印书馆编辑部

2017年10月

译者导言

奥斯汀(J. L. Austin,1911—1960)是二战后英国著名的分析哲学家,在英美哲学界有很大的影响。他英年早逝,在世时仅发表过七篇论文,未及出版任何书籍,但经由讲学和交谈,他成为所谓"牛津派日常语言哲学"公认的领袖之一。在奥斯汀去世后一两年内,他的同事和弟子们把他已发表或未发表的论文以及讲稿编成三本书,即《哲学论文集》(*Philosophical Papers*,1961)、《感觉与可感物》(*Sense and Sensibilia*,1962)和《如何以言行事》(*How to do Things with Words*,1962)。《如何以言行事》一书初版由厄姆森(J. O. Urmson)依据奥斯汀 1955 年在哈佛大学所作的威廉·詹姆斯讲座的讲稿,并参照相关资料整理而成,第二版由斯比萨(Marina Sbisà)博士和厄姆森共同加以改进。下面,我们打算就《如何以言行事》一书在奥斯汀整个思想中的位置以及它的基本内容作一个简要的介绍,以便读者对该书的思想及其理论贡献有一个大致的了解和把握。

一、《如何以言行事》一书在奥斯汀思想中的地位

在第二次世界大战之前,奥斯汀把他的许多时间和精力花在哲学史研究上。他对希腊哲学做了许多研究,尤其对亚里士多德

的伦理学著作做过非常精细的研究。他还认真研究过莱布尼茨，尽管他没有发表过有关莱氏的任何东西。在这期间，他自己的思想虽然相当敏锐，同时也有显著的风格，但是多半属于批评性的，缺少正面的探讨。这和他战后的工作很不一样。他战前发表的唯一论文《有先天概念吗？》（后收入《哲学论文集》）就很能代表他严肃而又尖锐的文风。这种尖锐的批评风格使同时代许多夸夸其谈的人感觉到他是一个相当可怕的人物。

根据奥斯汀本人的叙述，在二次世界大战开始时，他才形成成熟的哲学思想。这些思想在他战后的作品和讲学中得到展示。从他的三部遗著可以看出，他对哲学的贡献是多方面的。他运用自己独特的语言分析方法，对许多传统哲学问题，尤其是对知觉、真理、知识、行为等问题，做了深入的探讨。从否定方面看，他对传统哲学的几乎所有的概念都提出质疑，共相、殊相、个体、物质事物、感觉材料、知识、真理、自由、行为等术语无不受他的挑战，而感觉材料与物质事物、共相与殊相、事实与价值、真与假、现象与实在、描述话语与评价话语、分析判断与综合判断等二分法的思维模式无不受到他的批评。这就是说，他对传统哲学的批判态度极为彻底，不愿意接受传统的概念框架，用他自己的话说，就是大量传统难题或错误可以被消解或消除。从肯定方面看，他致力于寻求哲学上的“新的开端”，力图厘清一些哲学概念的真正内涵，使知识、真理、行为等问题在新的阐释中获得新生。他通过对传统哲学问题进行批判性的考察，改变了问题的提法和思考的框架，拓展了解

决问题的思路。[①]

当然，人们通常认为，在奥斯汀的整个思想中，他在《如何以言行事》一书中提出的“施行话语”与“记述话语”区分学说和言语行为理论最具有建设性，是其对哲学和语言学的原创性的、永久性的贡献。前者对真理理论、法哲学和伦理语言的研究有重要影响。后者一方面经过塞尔和格赖斯等人的修正和发展，成为语言哲学最重要的意义理论之一；另一方面经过一些语言学者的细致阐发和发扬光大，成为语用学的重要组成部分，对文学研究、社会语言学、语言交际理论等领域有着经久不衰的影响。

二、“施行话语”和“记述话语”之区分及其困难

从《如何以言行事》一书可以看出，奥斯汀对言语行事现象的认识，经过艰苦的探索过程逐步得到深化。他先是提出“施行话语”和“记述话语”区分说，但是，由于他的“施行话语”概念本身的不严格以及他的兴趣的扩展，他后来感到很难坚持“施行话语”和“记述话语”之间的严格区分，转而提出一个更为一般的理论，即言语行为三分说，来处理言语行为问题。奥斯汀先后提出的这两个理论，既有联系又有重要的差异。这里先讨论他的第一个理论。

奥斯汀是通过研究语言的使用而达到他的“施行话语”概念的，他把“施行话语”看作是语言的一种使用。[②] 通常我们使用语

---

① 可参看杨玉成：《奥斯汀：语言现象学与哲学》，北京：商务印书馆，2002 年，第 5 页。

② J. L. Austin, *Philosophical Papers*, third edition, Oxford University Press, 1979, p. 235.

言是为了述说或报道世界中的事实或事件，也就是使用语言谈论世界。从这个意义上说，我们的话语可以与“世界”相对照，即可以考察它们是否与事实相符，因而，它们是有真假的。传统哲学家和语法学家所重视的就是语言的这种描述功能。这样，尽管他们承认使用语言本身是一种行为，但他们仅仅把这种行为看作是陈述或描述这样的言谈行为，而言谈行为和其他行为是可以区分开的，所谓“言行不一”表明的就是言谈行为与实际行为的不一致。

然而，奥斯汀发现，有一类话语，它们有陈述句的语法构成，但它们并不履行描述或陈述功能。如下述话语：①

A. “我愿意（娶这个女人做我的合法妻子）”——在婚礼过程中如是说。

B. “我把这艘船命名为‘伊丽莎白号’”——在轮船的命名仪式中如是说。

C. “我把我的表遗赠给我的兄弟”——做遗嘱时如是说。

D. “我道歉”——在我踩到你的脚时如是说。

E. “明天准会下雨，我敢赌六便士。”

F. “我答应七点钟到那里。”

这类话语在语法上都是我们所熟悉的直陈句，但它们与“猫在草席上”、“他在跑”这样陈述事实或描述事态的语句不同。在说出这类话时，说话的人“我”显然不是去描述我所做的事情或陈述我正在做什么事：我不是在说（＝报道）我给一只船命名，而是正在

---

① J. L. Austin, *How to Do Things with Words*, second edition, Oxford University Press, 1975, p. 5.（参见本书边码，下同。）

给它命名;不是在说我打赌,而是在进行打赌;不是在说我许诺,而是正在许诺。这就是说,我们不是在描述或报道结婚、命名、遗赠、打赌、道歉、许诺等活动,而是在进行这些活动。说话本身就是在实施这类活动或履行其中的一部分,因此,说话就是做事,这类话语也就被称为“施行话语”(performative utterance)。施行话语的首要功用是做事,不是陈述事实或描述事态。因此,它们不存在是否与事实相符合的问题,其本身也无所谓真假。与之相对照的有真假可言的直陈句被奥斯汀称为“记述话语”(constative utterance)。

尽管施行话语本身无真假可言,但奥斯汀认为,我们还是有相应的概念可以评价它。这就是他所谓“是否适当”(happiness or unhappiness)概念。这个概念的意思是,“施行话语”不是脱离情境的单纯孤立的话语,而是处于一定情境之中的话语,如果情境不适当,那么,“施行话语”所要执行的行为就无法成功实现,或者会在某种程度上以某种方式出差错。比如说,某个人说“我把这艘船命名为‘伊丽莎白号’”,但这个人并没有给这艘船命名的资格,那么,这个施行话语就是空的(viod)。奥斯汀把在不恰当情况下的施行话语统称为“不适当”的话语。与记述话语之有真假相对照,施行话语有“适当”和“不适当”之分。奥斯汀认为,一个施行话语要成为适当的施行话语必须满足六个必要条件,他对这些必要条件以及违反这些条件的种种情况,都做了详细的阐述。笔者认为,奥斯汀引进“是否适当”概念来评价施行话语的做法是可取的,因为施行话语既是话语又是行为,是言和行的统一体,而“是否适当”概念既适用于言又适用于行,比只适用于言的“真假”概念更加灵活适用。

奥斯汀原先满足于用“适当与否”和“真假与否”这两个评价标准来区分“施行话语”与“记述话语”，但他又很快发现，这种区分并不可靠。对实际言语现象的研究表明，一方面，记述话语也易遭受施行话语所遭受的种种“不适当”。例如，“约翰的所有孩子都是秃头的”这个记述话语，在约翰事实上并没有孩子的情况下，就像某个人在没有表的情况下说“我把我的表赠给你”这个施行话语一样是空的、无效的，因为它“缺乏所指”；某个人在不相信猫在草席上时说“猫在草席上”，就像他在不打算到某个地方去而说“我答应到那里去”一样，是不真诚的。诸如此类的例子说明记述话语同施行话语一样，容易出现一些不适当的情况。另一方面，“施行话语”也会受真假概念“侵蚀”，尽管它本身无真假可言，但会蕴涵着另外一些或真或假的陈述。例如，“我道歉”这个施行话语的适当与否决定了“我正在道歉”这个记述话语的真假。[①] 总之，从“适当与否”概念会渗入记述话语和“真假”概念会渗入施行话语这两方面看，要依据这两个概念把它们区分开来是成问题的。那么，是否存在更为严格的划分标准呢？

奥斯汀首先提出两条语法上的标准。[②] 一是具有第一人称单数现在时直陈式主动语态的话语。前面所举的“施行话语”例子都符合这个标准。二是具有第二或第三人称单数或多数现在时直陈式被动语态形式的话语。如“警告乘客只能经由该桥跨过铁轨”(Passengers are Warned to cross the track by the bridge only)。

---

① J. L. Austin, *How to Do Things with Words*, second edition, Oxford University Press, 1975, p. 53.

② Ibid, pp. 56-57.

但他又马上检查这两个标准，发现只有“显性施行话语”(explicit performatives)才符合这种语法标准，而对“向右转”、“关上门”、“越位”这样的“隐性施行话语”(implicit performatives)来说，这种语法标准不起作用。

奥斯汀又试图通过特别的词汇把“施行话语”标示出来，但反例又使他放弃这一做法。一方面，在没有施行标示词的情况下我们亦可得到施事话语。如用“角落”代替“危险的角落”，用“牛”代替“危险的牛”来做警告；还可用“你会”(you will)代替“你受命”(You are ordered to)，用“我会”(I shall)代替“我许诺”(I promise to)，等等。另一方面包含施行标示词的话语也未必是施行话语。如“你答应”、“他准许”，就不是施行短语。

由于语法标准和词汇标准的困难，奥斯汀还进一步尝试是否可把事实上的“施行话语”化约、扩展或分解为语法上第一人称单数直陈主动语态式话语。如我们可把“出局”(out)扩展为“我判你出局”(I declare you out)。奥斯汀承认这种改写通常可以办到，但他又发现具有改写后的话语并非都是施行话语。如：“我只在我打算信守诺言时才许诺”(I promise only when I intend to keep my word)就用于描述习惯性行为。而像“我陈述太阳总是从东方升起”(I state that the sun rises in the east)明显就不是施行话语，而与“太阳总是从东方升起”(the sun rises in the east)一样都是描述事实的记述话语。

所以，奥斯汀先后提出的用于识别施行话语的语法上和词汇上的标准，均以失败告终。他最后不得不承认没有任何标准可据以把施行话语和记述话语区分开，因而，“它们之间的差异已被大大削

弱，且实际上已崩溃”。[①] 为此，奥斯汀猜测，所有的记述话语归根到底都是施行话语，都可改写为“我陈述……”(I state that...)这种形式，都在实施陈述行为，而陈述同结婚、道歉、打赌等一样，都是行为。这样，施行话语和记述话语的区分就只是施行话语内部的区分。记述话语只是诸多施行话语中的一种，最多也只是较为特别的一种。既然记述话语和施行话语不再对立，而且我们在说出任何话语时都在实施某种有关的言语行为，我们就需要关于这些言语行为的更加一般的理论。这就是后面要讨论的言语行为三分说。

三、言语行为三分说

奥斯汀原先满怀信心地要把施行话语同记述话语区分开，使之作为语言的一种重要的非描述性使用与记述话语的描述性使用相对照，以此表明传统哲学只重视语言的描述功能或认知功能的基本态度不适当。但是，由于他发现很难找到识别施行话语的严格标准，因而区分施行话语和记述话语殊非易事。这样，他又转而怀疑原来所作的区分，甚至认为原先的区分已崩溃，应当被抛弃。

关于奥斯汀是否应该放弃“施行话语和记述话语区分”观念，研究者之间存在争论。但无论如何，奥斯汀本人在寻求“施行话语”和“记述话语”的划分标准失败后，开始更一般地“重新考虑说些什么就是做些什么，或在说些什么当中我们做些什么，以及甚至

---

① J. L. Austin, *Philosophical Papers*, third edition, Oxford University Press, 1979. p. 251.

经由说些什么我们做些什么，究竟有多少种意思”。[①] 因为他认为“做些什么”是一个极为含糊的表达式，需要一些澄清和界定。一方面，我们可以使人们的言和行相对照，在这种对照中，我们可以说他们仅仅在说而什么也不做；另一方面，我们可以使单纯地思考某事与实际上大声地把它说出相对照，在这个对照中，说就是做。正是依据后一种“做事”概念，奥斯汀尝试提出一个更具普遍意义的理论来处理“说话就是做事”这个问题，这就是言语行为三分说，即通常所谓言语行为理论(theory of speech-acts)。

言语行为理论是从总体上研究话语的施行方面，用奥斯汀的话说，就是要弄清“总的言语情境中的整个言语行为”。[②] 奥斯汀把作为整体的言语行为分为三个层次，即认为在说些什么时，我们可能以三种基本的方式在做些什么。他把这三层意义的做些什么分别称为“话语行为”(locutionary act)、“话语施事行为”(illocutionary act)和“话语施效行为”(perlocutionary act)。大体而言，话语行为相当于说出某个具有意义的语句；话语施事行为是指以一种话语施事的力量(illocutionary force)说出某个语句，如做陈述、提疑问、下命令、发警告、做许诺等等；话语施效行为则是经由说些什么而达到某种效果的行为，如使相信、使惊奇、使误导、劝服、制止等。下面具体看看奥斯汀对这三种行为所作的分析或说明。

1. 话语行为。奥斯汀把最为通常意义上的“说些什么”(saying something)的行为称为“话语行为”的实施。他在谈到话

---

① J. L. Austin, *How to Do Things with Words*, second edition, Oxford University Press, 1975, p. 91.

② Ibid, p. 147.

语行为的几个地方说法基本一致，都主张话语行为的基本特征是有意义，即我们以言意指事态或者事实。这样，我们的言就存在着与世界中的事实是否相符问题，因而它是有真假的。

奥斯汀还进一步对话语行为进行剖析。他认为，即使在这种最为通常的“说些什么”的意义上，我们也可以区分出不同层次的“做些什么”。[①] 首先，说话者总要发出某些声音，这就是“发音”行为(phonetic act)。其次，说话者所发出的声音通常又属于某种语言的词汇库，按照该语言的语法规则有序排列，并具有一定的声调。奥斯汀把这种发出一些具有一定句法结构的语词的行为称为“发语行为”(phatic act)，这种行为所发出的东西是语言的构成单位，实际上就是语言中的一个句子。再次，通常，说话者不仅仅说出语言的一个语句，他是为了说一桩什么事情而说出该语句的。这就是“发言”(rhetic)行为。从奥斯汀对话语行为所作的剖析看，仅限于“说些什么”这个层次，说话者也做了三种不同的事情。他发出某些声音，说出了一个语句，“说到”某件特殊的事情。例如，说话者发出一串声音“猫在草席上”，这一串声音属于我们语言的一个语句“猫在草席上”，同时又说到猫在草席上这件事。

奥斯汀承认，尽管对话语行为的考察很有趣，但仍无法解释施行话语和记述话语的对照问题。例如，尽管我很可以弄清在说出“那边有一条蛇”时我们是在说些什么，但我们还是弄不清这句话意在做警告，还是做陈述。为了弄清话语所言之外的“所为”，还需

① J. L. Austin, *How to Do Things with Words*, second edition, Oxford University Press, 1975, p. 92.

进一步考察"话语施事行为"。

2. 话语施事行为。所谓"话语施事行为"从字面意思看是指在说话当中所实施的行为，即在说话中实施了言外之事。奥斯汀用公式"在说 X 当中，我在做 Y 事情"(In Saying X，I was doing Y)表示这种行为。如"在说'我明天会来'当中，我正在做许诺"(In saying"I will come tomorrow"，I was making promise)。在这里，说某件事情(Saying something)是话语行为，而许诺(Promise)是指在说话中所实施的言外之行，即在说"我明天会来"(I will come tomorrow)中行许诺之事。英文的"illocutionary"是由 in ＋ locutionary 构成的，其中的"in"就是话语施事行为公式"In saying"中的"in"，表示尽管 Y(许诺)与 Saying X("I will come tomorrow") 不同，但是在 Saying X 中完成的，因而仍然是一种言语行为。

3. 话语施效行为。所谓"话语施效行为"是指说话者在说了些什么之后通常还可能对听者、说者或其他人的感情、思想和行为产生一定的影响。这种影响之产生不是话语施事行为，因为它不是在说话中所实施的行为，而只是言后之果。但它毕竟与话语行为和话语施事行为有关，是经由说话产生的效果，因而也是一种言语行为，实际上是收言后之果。

奥斯汀解释"话语施效行为"的公式是："经由说 X，我做了 Y"(by saying X，I did Y)。我们可更具体地把这个公式改写为"经由说 X 并且做了事情 Y，我做了事情 Z"(by saying X and doing Y ，I did Z)。如，经由说"我明天会来"，我因此做了一个许诺，从而我让你放心(By saying"I will come tomorrow"and (thus)making a promise，I reassure you)。在这里，"使你放心"(reassure you)就

是言后之果。英语的"perlocutionary"中的前缀"per"等于"by"，也就是话语施效公式中的"by"，而"话语施效行为"就是成 Z 之事，它是通过说 X 和实行 Y 而得到的结果。

奥斯汀承认，他的主要兴趣在"话语施事行为"及其与其他二种行为的区分或对照。[①] 因为他认为传统哲学有忽略话语施事行为而偏爱话语行为或话语施效行为的固执倾向。奥斯汀对话语施事行为的"充分研究"一方面体现在他力图弄清这种言语行为与另外两种基本言语行为的区分，另一方面体现在他对话语施事行为所作的分类。关于奥斯汀的"区分"和"分类"的适当性，研究者之间存在很大的争议。在我看来，由于奥斯汀过于早逝，他还没有来得及对他的理论进行充分的研究，其中难免存在诸多含糊或不恰当的地方，评论者的解释有分歧是正常的。

还必须说明的是，三分说不代表奥斯汀坚持只有三种言语行为。因为在奥斯汀那里，有严肃的与非严肃（serious/non-serious）的言语之分。他认为只有严肃的话语才能作言语行为分析，而对非严肃的话语，则无法进行这种分析。如舞台上或电影里的台词是非严肃的言语，无法说它究竟描述了什么事态或施行了什么话语施事行为。德里达后来就批评奥斯汀的严肃的与非严肃的言语之分，认为这是在场形而上学的残余。

四、"三分说"取代"区分说"的原因

奥斯汀在提出言语行为三分说之后，又在这个理论的框架中

---

① J. L. Austin, *How to Do Things with Words*, second edition, Oxford University Press, 1975, p. 103.

重新检讨了施行话语和记述话语的区分和对照是否靠得住这个问题。[①] 他的结论依然是，这个区分是靠不住的。因为他的言语行为三分说已表明，在说些什么和做些什么之间不存在对立，也不存在严格的界限可分。去说些什么总是去做些什么——必定去做一个发音行为，且在任何正常的情况下又去做完整意义上的话语行为和话语施事行为，还可能去做话语施效行为。这就是说，说话者无论说些什么都会引起他做些什么这个问题，而回答这个问题的方式又是多样而有趣的，既然我们的话语总是在做各种各样的事情，被视为“做些什么”的施行话语和被视为“说些什么”的记述话语之间的区分就是很成问题的。

奥斯汀还认为，施行话语和记述话语实际上都是抽象的产物，它们之间的区分只是话语的两种不同功能的区分，而不是两类不同话语的区分，用他的话说，“施行话语和记述话语区分学说与关于全部的言语行为中的话语行为和话语施事行为学说的关系是特殊理论与一般理论的关系。”[②]他得出这个结论的理由当然是：(1)大致说来，适当性可用于评价施行话语和话语施事行为，“真假”则可用于评价记述话语和话语行为；(2)施行话语和记述话语没有严格的界限可分，而话语行为和话语施事行为也是同一言语行为中的两个不同的抽象，不是截然不同的东西。正是依据这两个理由，奥斯汀把施行话语和记述话语区分学说看作是有关话语

① J. L. Austin, *How to Do Things with Words*, second edition, Oxford University Press, 1975, p. 131.

② Ibid, p. 147.

行为和话语施事行为理论中的特殊理论，因为在他看来，用一般理论取代特殊理论是顺理成章的。

然而，正如一些研究者所指出的，奥斯汀所说的用一般理论取代特殊理论的理由是不充分的。因为，实际上，在他的言语行为三分说中，仍然存在话语行为和话语施事行为的区分，仍然存在“真假”和“适当性”的对峙。从这方面看，并不存在用“一般理论”取代“特殊理论”的特别理由。[①] 关于奥斯汀用一般理论取代特殊理论的真正原因，研究者之间存在争论。我认为，奥斯汀难于严格区分施行话语和记述话语的原因是，他对“施行话语”没有前后一致的概念，而他要抛弃这种区分的根本原因是，他实际上并不对特别的话语类型感兴趣，而是对所有话语的某一特征（在说话中某件事被做出的特征）感兴趣。就是说，由于奥斯汀感兴趣的是我们语言（确切地说是言语）的普遍特征，因而特别的话语类型之间的区分并不是他特别感兴趣的东西。

从奥斯汀所举的例子看，他最初引入“施行话语”概念时，头脑所想到的是一些特别的话语，是作为约定俗成的仪式程序（结婚仪式、命名仪式等）中的“施行”因素而被说出的某种东西。我们的社会生活中确实存在着做各种各样事情的各种约定俗成的程序。对结婚、打赌、遗赠或捐赠、给重要的船命名、给婴儿施洗礼、订合同、玩游戏等等活动而言，都有规定好的仪式。在这些仪式中说出关键的话就不仅说事情会怎样怎样，实际上是去做该事情。这种作为仪式过程一部分的“施行话语”概念是清楚的，不存在最终被抛

① G. J. Warnock, *J. L. Austin*, London and New York: Routledge, 1989. p. 117.

弃的危险。首先,这样的“施行话语”肯定不存在语法上的或词汇上的判别标准,因为任何符合语法形式的语词联结都可以作为“公认的约定俗成程序”的一部分而具有施行的功用。因此,奥斯汀讨论识别施行话语的语法(或词汇)标准,本身就已误入歧途。其次,尽管施行话语同记述话语一样蕴涵着真假,而记述话语也不仅仅只同真假问题有关,也有适当和不适当之分,但这只是表明二者并非全然不同,而并不表明二者根本就不存在差别或区分。典型的施行话语是“公认的约定俗成的程序”的一部分,而绝大多数陈述明显不是这样的东西。因此,典型的施行话语与陈述等记述话语迥然有别,是完全可加以识别的特殊类型的话语,原则上同“普通的”谈话(包括通常的做陈述)很易区分。那么,奥斯汀为何要抛弃他原先所作的这种显而易见的区分呢?

原因在于,尽管奥斯汀最初把“存在公认的约定俗成的程序”作为施行话语适当性的首要条件,但他后来并没有坚持这一点,而把“我命令”、“我警告”、“我劝告”等都作为施行短语,但事实上在说出这些短语时通常并没有约定俗成的仪式性程序。由此可见,他的“施行话语”概念已发生了变化。他的兴趣已由作为“约定俗成的程序”之一部分的特殊类型的话语,转向弄清在说话中说话者所做的事情。

事实上,奥斯汀至少在三个“施行话语”概念之间摇摆不定,因此“区分”也依这三个概念而有不同的结果。首先,作为约定俗成的程序的一部分的施行话语与普通说话的区分,尤其是与通常的做陈述的区分,是清楚的,不会引起严重的异议。其次,句子的主动词作为说话者所实施的行为的名称的话语,在某种程度上也可以自成一类，但它与作陈述却无法区分开。因为陈述同样可作为说话者在说话中所实施的行为的名称。再次，作为说话者无论在说些什么当中都做些什么的“施行话语”概念，极其模糊，无法做任何简单的区分。而正是在这最后一层意义上，奥斯汀认为必须重新考察说些什么就是做些什么究竟有多少种意思，从而引出更为一般的言语行为理论。可见，奥斯汀用一般理论取代特殊理论的真正原因在于，他真正感兴趣的不是特别的“话语类型”，而是一切话语的施行特征。因此，奥斯汀“最初区分”不是“崩溃”，而是由于其兴趣的扩展，被另一个很不一样的问题所取代：在什么意义上且以何种方式，一切（正常的）话语都是施行话语？

我认为，上述对“取代”原因的解释与奥斯汀的语言哲学的一般倾向是相符的。因为奥斯汀并不像其他语言分析哲学家那样只满足于研究语言的某些特殊的使用以解除哲学上的难题，他要对语言作较为概括的研究，因此对语言的本质或普遍特征感兴趣。当然，他所重视的语言是实际运用中的语言，即现实中的言语或话语，而言语或话语本身包含说话行为，具有“施行”特征，这样，他就不满足于原来所发现的特别类型的施行话语，转而关心所有话语的“施行”特征。从总的思路看，奥斯汀把语言纳入对言语的考察之中，又把言语当作行为看待，当作“整体的行为”看待，并进而对言语行为进行剖析。这样，奥斯汀就把对语言的研究变成对人的行为的一种特殊形式的研究。因此，施行话语只是他发现语言的做事功能的桥梁，并不特别值得注意，有趣的是语言的普遍特征，即在说话中，我们必定做了各种各样的事情。

五、言语行事现象研究的哲学意义

奥斯汀的“施行话语”学说和言语行为理论都是对言语行事现象的研究。这种研究对哲学界和语言学界都有巨大影响。这里撇开它对语言学的影响，只讨论它在哲学上的意义。从实际情况看，“施行话语”概念渗入真理理论（如斯特劳森的“真理施事论”）、法哲学（如哈特的《法律的概念》）和伦理语言的研究之中，而言语行为理论在语言哲学的意义理论中有广阔的应用，可以同戴维森的真值意义理论相抗衡。一般而言，我认为，奥斯汀的言语行事现象的研究在哲学上的意义有以下几个方面。

首先，它改变或完善了人们对语言本质的认识。传统哲学家和语言学家大多认为，语言是一个与世界相对照的符号系统，其首要的功用“描画”世界，传递有关事实的信息，提供有真伪可言的命题。奥斯汀的“施行话语”概念对传统的语言观提出严峻挑战，因为他发现了一类可与记述话语相对照的“施行话语”，其功用不是描述事实，而是实施某些行为。这就是说，奥斯汀发现了许多讲话具有重要的人类行动的特质。这个发现具有两个直接的含义。一个含义是，它使我们明白知道，我们不但可以拿语言去报道或描述世界，而且还可以拿它去“做”许多人间事务。另一个含义是，研究人类的讲话，不但是语言的研究，而且在许多场合也是人类行动的研究。当然，从“施行话语”和“记述话语”区分说角度看，起描述作用的记述话语仍然与施行话语处于并列地位。但当奥斯汀用更为一般的“言语行为理论”代替“施行话语”理论时，记述话语就成了话语施事行为的一个子类，它并不具有传统哲学所赋予它的那种

特殊地位。这样，所有的话语都起施行功能，所有的言语都在实施各种各样的行为。语言的本质就在于它是人类的一种特殊的行为。对语言的考察也就被纳入人的行为这个广阔的背景中重新加以考察。用奥斯汀的话说，言语行为学说似乎将会通向“关于行为的一般学说”①。

其次，语言观的改变又促使人们改变对语言和世界之间关系的看法。传统语言哲学家研究语言的目的在于理解实在，解决本体论、认识论和价值论等问题，因而语言与事实、语言与世界的关系成了突出问题。如早期的维特根斯坦就认为语言和实在之间具有严格的同构关系（共有“逻辑形式”），因此语言得以反映实在。奥斯汀反对这种语言和世界之间的严格区分。他对这种把语言和世界截然分离开来的观点所进行的攻击是通过他所作的话语行为和话语施事行为之间的区分来进行的。如果我们把重点放在话语行为上，那么，我们仍然会把语言看作一方，而把事件、事实或实在看作另一方。但是，话语施事行为却表明这种二分法是错误的。因为从这种新的观点看，说就是做，言就是行。言语行为是世界之中发生的事件，是我们介入实在之中的一种特殊的“实践”，因而在言语行为中，语言和世界在一个统一的、可以公开观察的行为中结合起来。在实际生活中，语言表现为言语，而言语是世界之中的、与世界不可分的一种活动。

再次，奥斯汀在传统的评价话语的“真假”标准之外，引入了一

① J. L. Austin, *How to Do Things with Words*, second edition, Oxford University Press, 1975, p. 106.

个新的评价维度——“适当与否”。这个概念给法律行为和伦理规范行为分析提供了有用的工具，同时也给这方面的研究提供了新的哲学基础。它尤其为伦理价值领域的特殊“话语”争得了地盘。对这类特殊“话语”不可僵硬地使用真假概念，其意义可用“适当与否”来评价，因而不存在不可言说的“神秘的东西”。由此，奥斯汀言语行事现象研究极大地拓展了语言分析哲学的适用范围，使其分析伦理语言、法律语言等人文社会科学语言的能力大为增强。

目　录

再版序言

斯比萨(Sbisà)博士通读过奥斯汀为这些讲座所写的全部讲稿，将其与该书第一版作比较，并标注出所有在她看来可以作出改进的地方。编者核对检查过奥斯汀讲稿中的所有这些地方，并对第一版的不少地方进行订正和补充。他们相信新版本更清晰、更全面，同时也更忠实于奥斯汀讲稿的原文。他们还将奥斯汀在其讲稿页边空白处或字行间所写下的补充性文字添加到附录中，这些文稿的含义不够清楚，不能编入正文，但是或许能为读者提供帮助并增添乐趣。

M. 斯比萨

J. O. 尼姆森

1980 年印刷本附注

P. H. 尼蒂奇(P. H. Nidditch)为这个新印刷本编制了一个全新的索引。他还为各讲增添了标题——奥斯汀本人在编辑约瑟夫(H. W. B. Joseph)的《莱布尼茨哲学讲演录》(牛津大学，1949 年)时也这样做过。并且，本次印刷也是做一些小修正的好机会。

初版序言

这里付梓的是奥斯汀 1955 年在哈佛大学威廉·詹姆斯讲座 vi
上的讲稿。在一则简短的注释中，奥斯汀谈到，作为这些讲稿之基础的观点，“形成于 1939 年，我在《他人的心》(载于《亚里士多德学会会刊》增刊第 20 卷，1946 年，第 173 页及以下)一文中用到这些观点，在随后的几次学会会议上，我让这个冰山更多地显露出来……”。从 1952 年到 1954 年，奥斯汀每年都在牛津大学开设题为“言语与行为”的讲座，每年都重写部分授课笔记，每一稿所涵盖的内容与威廉·詹姆斯讲座大致相同。他为威廉·詹姆斯讲座备有一系列新的授课笔记，把旧笔记的一些页面编入其中的某个地方。这些笔记便是奥斯汀关于“言语与行为”这个讲题的最新授课笔记。不过他基于这些授课笔记继续在牛津讲授这个课程，并在讲课时做一些小的修正，添加一些页边附注。

在这里，我们尽可能准确地以印刷字体复制这些讲座的内容，尽可能减少编辑的痕迹。假如由奥斯汀本人将其出版，那么他肯
定会以一种更适合出版的形式重新编排。他肯定会缩减在第二讲 vii
以及随后各讲的开头部分出现的那些对前一讲的扼要复述；同样，他肯定会详尽阐述当他讲演时在笔记的空白处所标记的内容。但是大部分读者会更乐于接受与据知是奥斯汀写下的那些东西近似

的摹本，而不是与据判断他会付印或据猜想他可能在讲座中说过的那些东西近似的摹本。因此读者们不会抱怨因形式和风格的小小的不完美以及用词的前后不一致所付出的代价。

但是，付印的这些讲稿并非准确地复制奥斯汀手写的授课笔记。其原因在于，尽管就大部分内容而言，尤其在每一讲的前面部分，授课笔记很完整，并且写的是完整的句子，仅有诸如虚词和冠词这样的小省略，但在讲座的结尾部分，笔记经常变得很零散，而且页边的附注经常是缩写。在这些地方，我们依据刚才所提到的1952年到1954年授课笔记的保留部分加以阐释和补充。然后，我们通过把它们与美国和英国参加过该讲座的那些人的听课笔记、奥斯汀在英国广播公司(B. B. C)的一篇题为“施行话语”(Performative Utterances)讲演稿以及他于1959年10月在瑞典哥德堡所作的题为“施行式”(Performatives)的讲座的录音磁带进行比较，做更进一步的核对。对这些辅助文献之使用的更完全的指示，
viii 见诸于附录。尽管在这个阐释过程中，偶尔有可能悄悄溜进奥斯汀所拒绝的某个句子，但奥斯汀思想的主要线索似乎不太可能被误述。

编者对于所有通过出借其听课笔记和赠送录音磁带来提供帮助的那些人，深表感激。尤其要感谢瓦诺克(G. J. Warnock)先生，他不厌其烦地通读全文，并为编者指出多处错误；由于他的帮助，读者才得以拥有一个更完善的文本。

J. O. 厄姆森

第一讲　施行式与记述式

我这里所要讲的东西，既不困难也不存在争议；我对它唯一可 1
以自诩的优点在于它是真的，至少部分如此。这里要讨论的现象
非常广泛而明显，它不可能没有被别人至少零零落落地注意过。
但我还没有发现有人特别注意过这个现象。

很久以来，哲学家们总是假定，“陈述”的任务只能是“描述”某
种事态，或者“陈述某个事实”，而这种“描述”与“陈述”必定要么为
真，要么为假。当然，语法学家们经常指出，并非所有“句子”都（被
用以做出）陈述：①传统上，除了（语法学家们所说的）陈述，还有问
句和感叹句，以及表示命令或希望或让步的句子。毋庸置疑，哲学
家并不想否认这一点，尽管他们有些不严谨地用“句子”来表示“陈
述”。同样毋庸置疑的是，语法学家和哲学家都注意到，借助于像词
序、语气之类少数几个可用的语法特征，即便是要把问句、命令句等
句子同陈述区别开来，也绝非易事。不过，人们也许并不常仔细考 2
虑明显地由这个事实引起的困难。因为我们到底如何确定哪个是
问句或命令句，哪个是陈述呢？它们各自的界限与定义又如何呢？

---

① 当然，说一个语句总**是**一个陈述实际上并不正确；确切地说，它**被用于作陈述**，而陈述本身是来自陈述之作出的“逻辑构造”。

不过，近年来，过去会毫无疑问地被哲学家和语法学家看作是“陈述”的许多东西，已被仔细地重新加以审察。这种审察的出现并不那么直接——至少在哲学中如此。首先出现的一种观点（其表述常不幸地带有武断）是，（事实的）的陈述应是“可证实的”，而这种观点又导致认为许多“陈述”仅仅是所谓似是而非的陈述（pseudo-statements）。首先而且最明显的是，正如或许是康德最早系统地加以论证的那样，许多“陈述”，尽管其语法形式无懈可击，但被证明纯属胡说（nonsense）。总的说来，不断发现新形式的胡说有利无弊，尽管对它们的分类常常还很不系统，对它们的解释也常常还是神秘的。但是，我们甚至哲学家们也要给我们准备承认是我们自己所讲的大量胡说划出某些界限。这样，第二步我们就可以自然地进而追问：许多明显的似是而非的陈述是否真的打算成为“陈述”。人们逐渐普遍认为，许多貌似陈述的话语要么根本不打算，要么只是部分打算记录或传递关于事实的直接信息。譬如说，“**伦理命题**”也许全然地或部分地被用于表露情感，或规范
3 行为，或以特殊的方式影响行为。在这里，**康德**也是先驱者之一。我们还很经常地以至少超出传统语法范围的方式使用话语。我们已经开始看到，被嵌入明显的描述性陈述中的许多特别令人困惑的语词，其作用不在于指示被报道的实在的某些特别奇怪的附加特征，而是表明（不是报道）做出陈述的场合，或者它所受的限制，或者进行陈述的方式，等等。像以往常见的那样，对这些可能性视而不见，被称作是“描述的”谬误。不过，这可能不是一个适当的名字，因为“描述的”本身就是特殊的。并不是所有或真或假的陈述都是描述，因此，我更喜欢“记述的”（Constative）这个词。沿着这

些思路，现在已经一鳞半爪地表明，**或者**至少使人们可能看到，许多传统的困惑，是由一个错误引起的，即人们把一些或者是（以有趣的非语法的方式）没有意义的，**或者**意在讲完全不同的东西的话语当作直接的事实陈述。

对于这些观点与建议中的任何一个，不管我们怎么想，对于哲学学说和方法已陷入的最初混乱，不管我们如何痛心疾首，但不容怀疑的是，它们正在引起哲学上的革命。如果有人想把它称为哲学史上最伟大、最有益的革命，那么，只要你好好想一想，就知道这并非言过其实。开始有些零零碎碎，有些**偏见**，具有外在的目的， 4
这并不奇怪，因为任何一场革命的开始都是如此。

施行式的初步离析[①]

当然，我们这里所要考虑的这类话语通常不是一类胡说，尽管正如我们会看到的，对它的误用可能产生种种相当特殊的“胡说”。毋宁说，它是我们的第二类——伪装者中的一员。不过，它绝不是必然地伪装作一个描述的或记述的事实陈述。但它确实经常如此，而且非常奇怪的是，当它以最明显方式出现时，就更是如此。我相信，语法学家还没有看穿这种“伪装”，而哲学家至多也只是偶尔看穿这种“伪装”。[②] 因而，方便的做法是，首先在这种引人迷误的形式中对之进行研究，以便通过与其所模仿的事实陈述的特征

① 这几节中所讲的内容都是暂时的，有待依据后面的论述加以修订。

② 在所有人当中，法学家应该最清楚事情的真相。也许有些人现在就是清楚的。但是，他们会屈服于他们自己的胆怯的虚构，即关于“法”的陈述是事实陈述。

进行对比而看出其主要特征。

首先,我们要用作例子的是这样一些话语:它们不能被归入除了“陈述”范畴之外的任一种迄今已被辨认出的**语法**范畴,它们不是胡说,也不包含哲学家迄今为止已经发现的或自以为已发现的任何语词上的危险信号(像“good”或“all”这样奇怪的词,像“ought”或“can”这样可疑的助动词和像假言命题这样可疑的结构)。它们还碰巧含有直陈式主动语态第一人称单数现在时的单调的动词。[①] 我们能找到满足这些条件的话语,然而,

A. 它们根本不“描述”或“报道”或记述任何东西,它们不是“非真即假的”;并且

B. 说出这个句子就是实施一种行为,或者是实施一种行为的一部分,而该行为**通常**并不被描述为或“仅仅”被描述为说些什么。

这远不像听起来那么悖理反常,或者像我一直不怀好意地试图使之听起来那么悖理反常:其实,我现在要给出的例子会令人失望。

例子:

(例一)“我愿意”[I do](娶这个女人做我的妻子)——在婚礼过程中如是说。[②]

(例二)“我把这艘船命名为**伊丽莎白女王号**”——在轮船命名

---

① 并非天然如此:它们都是“显性的”施行话语,并且都属于后面被称作“运用式话语”(“exercitives”)的那种占优势的话语类型。

② 奥斯汀后来认识到人们在婚礼中并不使用“I do”这个表达式,但为时已晚,未及改正这个错误。我们这里对之未作修改,因为这个错误在哲学上并不重要。——原编者厄姆森注

仪式上如是说。

（例三）“我把我的表赠给你”——在遗嘱中如是说。

（例四）“明天准会下雨，我敢赌六便士。”

在这些例子中，说出句子（当然，是在适当的情境中）显然并不是要**描述**我在做我说这句话时我应做的事情，[1]也不是要陈述我 6
正在做它：说出句子本身就是做我应做或在做的事情。这里所引用的话语都无真假可言，我认为这是显而易见的，无须加以论证。它不需要论证，就像“见鬼”之无真假无须论证一样。或许这个话语可“用以给你信息”——但那完全是另外一回事。（在适当的情境中）给船命名就是说出“我为……命名等等”这些话。当我在婚姻登记人或圣坛等面前说“我愿意”时，我并不是在报道一桩婚事，而是我自己在举行婚礼。

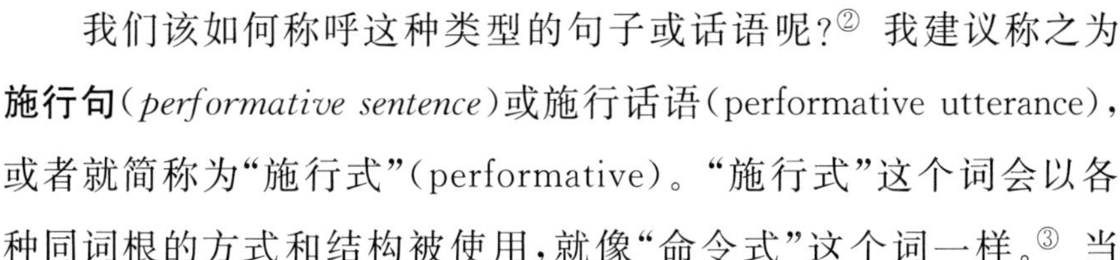

我们该如何称呼这种类型的句子或话语呢？[2] 我建议称之为**施行句**（*performative sentence*）或施行话语（performative utterance），或者就简称为“施行式”（performative）。“施行式”这个词会以各种同词根的方式和结构被使用，就像“命令式”这个词一样。[3] 当

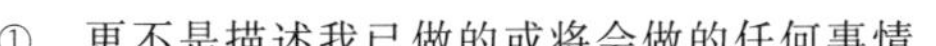

① 更不是描述我已做的或将会做的任何事情。

② “句子”构成了一类“话语”，就我个人来说，这一类是要从语法上来定义的，尽管我拿不准人们是否已经令人满意地给出了这种定义。例如，与施行话语相对照的主要是“记述”话语：发出一个记述话语（即在历史的关联中说出它）就是要做出一个陈述。而发出一个施行话语却是要（例如）打赌。参看后面关于“话语施事行为”（illocutions）的论述。

③ 先前我使用“实施式”（performatory）这个词：但用“施行式”（performative）一词我觉得更好一些。因为它更简短、更顺眼、更好驾驭，其构成也更传统一些。

然，这个名字来自跟随着名词“行为”(action)的普通动词“实施”
7 (perform)：它表明发出话语就是实施一个行为，而通常我们并不认为一个行为之实施只是说些什么。

我们可以用许多其它词，其中每一个都适用于这个或那个或宽或狭的一类施行式：例如，许多施行式是**契约式**的(“我打赌”)或**宣告式**的(“我宣战”)话语。但我所知道的任何一个通用的词都不足以把它们全部囊括。离我们所需最近的专门术语大概是“实行式”(operative)。这个词被律师严格地用以指称文件中足以影响事务处理(财产的转让等)的那个部分即那些条款——事务的处理是文件的主要目的——而文件的其余部分只是“书面陈述”这种处理得以实现的各种情况。[①] 但是，“实行式”还有其它含义，实际上，目前人们经常用它表达“重要的”这个意思。我更喜欢用一个新词，对于这个词来说，尽管其词源并非无关紧要，但我们大概还是不易加给它某种预想的意义。

言能行事吗？

那么，我们是不是要像下面这样说：

“结婚就是说几个词”，或者
“打赌只是说些什么”？

---

① 这个看法得之于哈特(H. L. A. Hart)教授。

这种学说乍听起来很古怪，甚至很不严肃，但在给它以充分的辩护之后，它就会变得毫不古怪了。

最先对它们提出的有见解的反对意见大概就是这个意见；而 8
这种反对意见并非无足轻重。在许多情形中，要实施完全相同的一种行为很可能不是通过讲出几个词，不论是书面的还是口头的，而是通过别的方式。例如，在某些地方，我可以通过同居而实现结婚，或者通过把硬币投入老虎机而进行使用赌金计算器的赌博。这样，我们也许就要转换上面的命题，改作这样说："讲出几个特定的词就是结婚"，或"结婚，在某些情形中，只是讲出几个词"，或"只要说某些特定的东西就是打赌"。

但是，这些评论之所以听起来是危险的，其真正的原因大概还在于下面我们还得更详细地谈到的另外一个明显的事实，即讲出几个词在（打赌等）行为的实施中的确通常是一个主导事件，甚至是**唯一**主导事件，而这种行为的实施也是话语的目标，但是如果该行为被认为已经得到实施，那么话语远非总是**唯一**必要的东西，即使它确实总是必要的。一般来说，把语词说出来的**情境**在某个方面或某些方面应是**适当的**这一点总是很必要的，而且下面这一点通常也很必要：无论是说话者自己还是其它人**也**应该实施某些**其它**行为，无论是"物理的"行为还是"心理的"行为，或者甚至是再说出一些语词的行为。这样，要为船命名，我应该是被任命为给它命名的人，这一点是必不可少的；对于（基督教式的）结婚仪式来说，必不可少的是，我不能已结过婚，而且妻子现在还活着，精神健全，9
没有离异等等。要打成赌，总要有人同意跟你打赌（对方必须做点什么，例如，说声"好吧"）；再有，如果我**说**："我送你一件礼物"，可

总不给人家，那就很难算是一件礼物。

至此，一切顺利。行为可以用异于施行式话语的方式来实行，而且在任何情况下，情境，包括其它行为，必须是适当的。但是，在提出反对时，特别是当我们想到一些像“我保证……”这一类令人敬畏的施行式的时候，我们可能会有完全不同的想法，而这次是完全弄错了。为了使人家“当真”，我们当然一定得“严肃地”讲话吧？一般来说，这是千真万确的，尽管有些含混不清，——在讨论任何话语的意图时，这是一个重要的常识。例如，我一定不能是在开玩笑，也不能是在作诗。但是，我们常常容易觉得它们的严肃性是在于，它们（只是）作为一种内在精神行为的外在的可见符号而被说出，其目的在于便利，或者在于另外的记录，或者在于信息。由此我们很容易进而不知不觉地相信或假定，对许多目的而言，外在的话语是对内在行为之发生所做的一种**或真或假**的描述。在《希波吕托斯》（I. 612）中我们可以找到这种观点的经典表述。在那里，希波吕托斯（Hippolytus）说：“我口头上信誓旦旦，但我的心（或心灵或其它的隐藏后台的角色）却并非如此”。[1] 这样，“我许诺……”就使我负有某种责任，把我精神上必须承担的束缚记录在案。

10 就在这个例子中，我们充分地看到城府太深或者过分庄严，怎样同时为不道德的行为铺平了道路。有人会说：“许诺不仅仅是讲出几个词的事情！它是内在的精神行为！”，这个人总会以一个稳

① 但我无意于排除所有的幕后表演者——灯光师、舞台监督，甚至还有提词员。我只是反对某些要重演这出戏的爱管闲事的替补演员。

健的道德家的面目出现，兀立于一代肤浅的理论家之前：他纵观伦理空间目力难及的深度，具有所有**自成一家**的专家所独有的风采——我们就这样像他看待自己一样来看待他。但他为希波吕托斯提供了出路，为犯重婚罪的人说“我愿”提供了借口，为赖账者提供了说“我打赌”的辩护。精确性和道德同样都支持这句平淡无奇的话：**我们的话就是我们的契约**。

如果我们排除了像这样的虚构的内在精神行为，我们能否设想：我们通常肯定要求其和“我保证……”或“我愿(娶这个女人……)”之类的话语相伴随的任何其它东西事实上就是由这个话语所描述的，从而，有这些与之相伴的东西，这种话语就成真，而若没有这些东西，这种话语就成假呢？好，我们先讨论后一种情况，然后考虑一下当话语的某一个正常伴随物**不存在**的时候，我们实际上对相关的话语到底讲些什么。在任何情况下，我们都不说这个话语是 11
假的，而是说这个话语——或者毋宁说这个**行为**，[①]如许诺——是空的，或者说它言而无信，或者说它没有被履行等等。在许诺这种特殊的情形中，就像在其它许多施行式的情形中一样，适当的做法是做出许诺的人应有一定的意图，即要信守诺言：在所有的伴随物中，这一点看来大概是最适合成为“我许诺”这个话语所描述或记录的东西。在没有这种意图时，我们不是确实说到“虚假的”许诺吗？但我们这样讲并**不是**说“我许诺……”这个话语在下面这个意义上说是假的，即他虽然声称他许诺了，但他并没有许诺，或者他虽然描述了，但他描述错了，报道错了。因为他**确实**许诺了：这里

① 我们故意对它们不加区分，因为这种区分无关宏旨。

的许诺甚至也不是**空的**，尽管他言而无信。他的话语也许是引人误解的，很可能是欺骗性的，而且毫无疑问是不好的，但它不是谎言，亦非误言。我们顶多可以振振有词地说他的话语暗含着或暗示着一个谬误或误言（意思是说他确实打算做某事），但那完全是另外一回事。此外，我们并不讲一个假赌，或一个假的命名；至于我们**确实**谈到假许诺这一点，并不比我们讲假的一步棋（虚晃一着）这个事实使我们承担更多的责任。“假的”并不必然地只用于陈述。

第二讲　适当的施行式的条件

你们应该记得，我们在前一次讲座中所考虑的一些情形(老天 12
保佑！只有一些情形而已)：在这些情形中，**说**些什么就是**做**些什
么；或者**通过**说些什么或**在**说些什么当中，我们实际上是在做些什
么。这个论题是最近的一场运动的一个发展(还存在很多其它的
发展)，这场运动意在质疑哲学中的一个古老假定：至少在所有值
得考虑的情境中，即在所有得到考虑的情境中，说些什么总是并且
只是**陈述**些什么。这个假定无疑是无意识的，无疑是错误的，但在
哲学上显然又完全是自然的。在学会跑步之前，我们必须先学会
走路。如果我们从不犯错，那么我们又怎能改正它们呢？

通过举例，我一开始就把你们的注意力吸引到一些简单的话
语上，那种所谓实施式(performatories)或者施行式。从表面上
看，这些话语有着"陈述句"的外表——或者至少有陈述句的语法
构成。但是，当我们更加仔细地加以审视时，它们又非常明显地**不**
被看作是那种能用"真"或"假"来描述的话语。然而，在传统意义
上，要么为"真"，要么为"假"，是陈述句的典型标志。例如，我们所
举的例子之一就是在婚礼过程中所说的那句话"我愿意"(娶这个
女人做我的合法妻子)。在这里，我们必须要说的是，在说这些话 13
的时候，我们正在**做**些什么，即在进行结婚，而非**报道**我们正在结

婚。而结婚行为，就像打赌行为一样，把它看成是“**说某些话**”**更可取**（尽管仍然不够**精确**），而不宜把它看成是在实施一种与此不同的内在精神行为，我们上面所说的那句话仅仅是这种内在行为的外在的、可以听到的信号。这一点或许很难加以**证明**，但是，我必须声明，这一点是一个事实。

值得注意的是，据我所知，在美国的证据法中，如果其它某个人说的话符合我们的施行式，那么关于他所说的话的报告就被当作证据承认。因为这并不仅仅被看作是关于他**所说的**一些东西的报告，不仅仅是说说而已而不被当作可信证据的报告；相反，这种报告被看作是他**已做的**一些事情，是他的一种行为。这与我们对施行式的最初感觉非常一致。

到此为止，我们仅仅感觉到，那种偏见的牢固基础已经在我们的脚下渐渐松动。但是，作为哲学家，我们应怎样继续前进？当然，我们可能要继续做的一件事，就是完全回到某个起点，而要做的另一件事，是分逻辑阶段地暂停。但是，所有这些都肯定要耗费时间。首先，让我们至少集中注意前面已经附带地提到的小问题——这个有关“适当情境”的问题。正如我在前面附带地指出的，打赌不仅仅是说出“我打赌，……”这样的话：有人可能的确这
14 样进行打赌，但我们或许仍不会认可他事实上已经成功地打了赌，或者，至少不认可他已经完全成功地打了赌。譬如说，在比赛结束后才宣布我们打赌，那么，这样的打赌就不是成功的打赌。通常，如果我们想让别人承认我们已经适当地完成我们的行为，除了说出被称作施行式的这些话外，许多其它事情也必须是合适的，并且正常进行。我们可能希望通过对某些事情**出错**从而导致结婚、打

赌、遗赠、给轮船命名等行为至少在某种程度上失败的那些情形进行考察和分类来发现，这些必须适当的其它事情究竟是什么：那么，我们可能会说，那些话并不是真正的假话，而是总体上来看**不适当**(*unhappy*)的话。因此，我们把有关在说施行式的场合**可能是错的或者可能出错的事情**的学说，称作是有关**不恰当**(*Infelicities*)的学说。

让我们首先尝试纲要式地(我不幻想能宣布这个纲要的最终形式)陈述一个施行式(或者至少是一个像我们迄今已经单独提到的例子那样的非常明显的施行式)要顺利地或者“适当地”(happy)行使其功能所必需的条件，至少是部分条件，然后给出不恰当及其影响的范例。我担心但同时又希望，这些需要满足的必要条件，对你们而言显而易见，根本不足为奇。

(A1) 必须存在一个具有某种约定俗成之效果的公认的约定俗成的程序，这个程序包括在一定的情境中，由一定的人说出一定的话。

(A2) 在某一场合，特定的人和特定的情境必须适合所诉求 15
的特定程序的要求。

(B1) 这个程序必须为所有参加者正确地实施，并且

(B2) 完全地实施。

(Γ1) 这个程序通常是设计给具有一定思想或情感的人使用，或者设计给任何参加者去启动一定相因而生的行为，那么，参加并

求用这个程序的人，必须事实上具有这些思想和情感[1]，并且

（Γ2）随后亲自这样做。

只要我们违反这六条规则中的任何一条（或者多条），我们的施行话语就会（以这种或那种方式）出现不适当。但是，当然，这些成为不适当的“方式”之间存在很大的差别，我希望通过为每个标题所选择的字母和数字的组合序号能把这些不适当的方式区分开来。

第一个大的区别存在于作为整体的A类和B类的四条规则和与之相对的Γ类的两条规则之间（因此分别用罗马字母与希腊字母加以区分）。如果我们违反前者（A类的或B类的）中的任何
16 一条规则——也就是说，如果我们不正确地说出该施行式，或者由于我们已婚而不能实施结婚行为，或者主持为船命名仪式的是事务长而非船长，那么，我们所谈的行为，例如结婚，就绝对没有被成功地实施，没有实现，没有达到预期结果。与之相反，在违反Γ类规则的两种情形中，尽管行为已经达成，但我们是在譬如说不真诚的情境下完成的，这是对程序的一种滥用。因此，当我们说“我许诺”而又没有信守该承诺的意图时，我已经做出许诺，但是……我们需要名称来指称这个一般的区分，我们将把那些违反A1至B2规则的不恰当统称为未成（MISFIRES），其含义是，尽管所涉及的话语公式已经制定，但为实施该公式所做的行为以及在实施该公式时所做的行为却并未完成。另一方面，我们可以把那些行为已

① 稍后我会解释为什么不把具有这些思想、情感和意图与已经在A类规则中解决的其它“情境”归为一类。

经完成的不恰当命名为滥用(ABUSES)(不要刻意强调这些名称的通常含义!)。当话语未成时,我们希望诉求的程序就是不被允许的或者是粗制滥造的,而我们的行为(结婚等)就是空的或无效的,等等。我们把这类行为看作是一种意欲实施的行为,或者可能是一种尝试;或者我们会用“经历结婚的形式”这样的表达式,而不用“已婚”。另一方面,在违背 Γ 类规则的情境中,我们把那些不恰当的行为称为“伪称的”或者“虚伪的”,而不是“意欲的”或“空的”,并且我们会说那些不恰当的行为不被履行,不被圆满地完成,而不说它们是空的(viod)或无效的。但是,让我们赶紧补充一句吧,那就是,这些区别并不严格,而且尤其要注意,我们并不需要过 17
多地强调诸如“意欲的”和“伪称的”等词。这是表示成为空洞的或无效的行为的两个决定性的语词。当然,这并不意味着在说出那句话时我们什么都没有做,实际上许多事情已经完成(最值得注意的是,我们已经做出犯有重婚罪的行为),但我们却没有完成意欲完成的结婚行为。因为既然你犯重婚罪,那么你就不可能真的有两份婚姻,两份婚姻仅仅是名义上而已(简言之,婚姻的代数是布尔代数)。此外,“无效”在这里并不意味着“没有相应后果、结果、影响”。

下一步,我们必须尝试在“未成”中的 A 类情形和 B 类情形之间,做出清晰的一般区分。在两种都标为 A 的情形中,存在对某个程序的**误求**(*misinvocation*)——大致上说,要么是因为没有这样的程序,要么是因为所诉求的程序不能适应所要尝试的方式。因此,这种 A 类型的不恰当可被称为误求(Misinvocations)。在这两种误求中,我们可以合理地把第二种误求——程序的确存在却不能按所希望的方式使用——称为**误用**(*Misapplications*)。但我还没能成功地给另一个类型即前一种类型的误求找到一个合适的名称。与 A 类情形相对照,B 类情形的概念是:程序本身没有问题,并且程序也得到正常的使用,但是我们弄糟了程序的实施,从而导致或多或少可怕的后果。因此,与 A 类不恰当情形相对,B 类不恰当情形将被称为**误施**(*Misexecutions*),以与误求相对:意欲实施的行为由于在仪式进行时的一个差错(flaw)或故障(hitch)而变得无效。B1 类不恰当就是那种出差错的不恰当,B2 类不恰当就是那种出故障的不恰当。

18 那么,现在我们得到如下的分类表:①

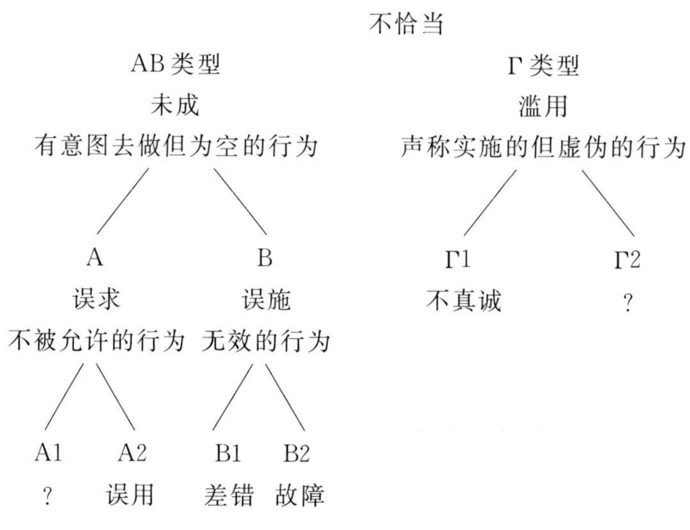

① 奥斯汀反反复复多次使用其它的名字来命名不同的不恰当。这里给出一些他们中有趣的名字:A1,不理会(Non-plays);A2,错用(Misplays);B,错为(Miscarriages);B1,误行(Misexecutions);B2,未行(Non-executions);Γ,失礼(Disrespects);Γ1,未作(Dissimulations);Γ2,不圆满(Non-fulfilments),不诚恳(Dislovalties),违规(Infractions),无准则(Indisciplies),违犯(Breaches)。——原编者厄姆森注

我预料将会存在一些对 A1 和 Γ2 的质疑；但我们会稍后再仔细考虑它们。

但是在继续探讨细节之前，让我先对这些不恰当做一些整体上的评价。我们可能要问：

(1) 不恰当这个概念可以被应于用哪种“行为”？

(2) 这种对不恰当的分类有多完备？

(3) 这些不恰当类型是否相互排斥？

让我们按顺序来提问。

(1) 不恰当的范围有多大？

首先似乎很清楚的是，尽管不恰当这个概念让我们感到兴奋（或者未能让我们感到兴奋）是因为它与某些行为——它们是或部分地是**发语**行为——存在联系，但不恰当是所有具有一般性仪式特征或礼仪特征的行为，即**所有约定俗成**的行为，都会遭遇的一种 19
麻烦。当然，并不是**每一个**仪式都可能遭遇所有形式的不恰当（不过同时也不是每一个施行话语都有可能遭遇所有形式的不恰当）。实际上，许多约定俗成的行为，像打赌或转让财产，都可以以一种非言语的方式进行，单单从这个事实，就可以清楚看到这一点。相同类型的规则肯定能在所有这样约定俗成的程序中找到——我们只需要忽略在我们的 A 类规则中所特别提到的发声话语。这是显而易见的。

但是，除此之外，值得指出来提醒你们注意的是，在法学家所考虑的“行为”中,有多少是施行式话语或包含施行式话语?或者,无论如何,有多少是执行某种约定俗成程序或包含某种约定俗成程序?当然,你们应该充分注意到,法学家们已经以这样或那样的方式不断地显示出他们对各种各样不恰当的关注,有时他们甚至会关注施行话语的特征。只是仍然广泛存在着某种困扰,即法律的话语和“法律中的行为”所使用的话语**必须**在某种程度上要么是真的陈述要么是假的陈述。与我们所做的事情相比,许多法学家原本可以以更直接的方式看清这整个问题,但上述的困扰妨碍他们做到这一点。我甚至怀疑他们当中的某些人还没有意识到这个问题。当然,我们更为直接关切的问题是要认识到,由于同样的理由,大量属于伦理学领域的行为,**并不**像哲学家们所倾向于假定的
20 那样,终究仅仅是**物理运动**:这个领域的许多行为要么整体上要么部分地具有约定俗成的行为或仪式性行为的一般特征,并因此同其它事物一样,也容易遭遇不恰当。

最后,我们可能会追问——在这里我必须把我的某些观点说明白——不恰当这个概念适用于**作为陈述**的话语吗?到目前为止,我们一直把不恰当看作是**施行**话语的特征,而施行话语主要是通过与我们原来所熟悉的“陈述”的对比来“定义”的(如果我们可以这样称呼它的话)。但是,在这里,我很高兴地指出,近来哲学领域正在发生的事件之一,便是人们对那些虽然既不完全是假的,也不是“矛盾的”,但却仍然让人不能容忍的“陈述”已经给予密切的关注。例如,涉及一些并不存在的事物的陈述,譬如说,就像“目前的法国国王是个秃子”这样的陈述。或许,有人倾向于把这个陈述同意欲把不属于你的东西拿去遗赠看作是一回事。在这两种情形

中，难道事物的存在不都是前提条件吗？一个涉及不存在的事物的陈述，在作为假的陈述的同时，不也是空洞的陈述吗？并且，我们越是不把一个陈述看成是一个句子（或命题），而是看成一个言语行为（句子和命题实际上是言语行为的逻辑构造），我们就会越把整个事情看作一个行为来研究。再者，在一个谎言和一个假的承诺之间，存在着明显的相似之处。不久之后，我们将不得不回到这个问题上来。[①]

（2）我们的第二个问题是：这种分类有多完备？

（i）那么，首先应该牢记，由于在讲出施行话语时我们无疑在 21
足够合理的意义上是在“实施行为”，而作为行为，它们也会易于遭遇所有的行为都易于遭遇的各个方面的不足，但是这种不足不同于我们所讨论的不恰当——或与我们所讨论的不恰当是可区分的。我的意思是，一般的行为（不是所有的行为）的进行都易遭受诸如胁迫或意外，或者起因于这种或那种错误，或者相反是在无意中做出的。在很多这样的情形中，我们当然不愿意简单地说这样的行为已经被做出，或者他做出这样的行为。在这里，我不打算研究一般的原则：在很多这样的情形中，我们甚至可能会说该行为是“无效的”（由于胁迫或由于不正当的影响可被看作是无效的行为），等等。我认为某个非常具有普遍性的高级学说，可以把我们所谓做出行为（包含一个施行话语在内的行为）的不恰当和这些其它的“不适当的”特征，都包含在某个单一的原则中：但是我们不会

① 见（边码）第47页。——原编者厄姆森注

把这种不适当包括在内——尽管我们的确必须记住这种不适当的特征能够并且确实经常侵入我们正在讨论的任何情形。这种不适当的特征通常会被归入“情有可原的情境”或“减轻或消除代理人的责任的因素”等标题之下。

(ii) 其次，作为**话语**，我们的施为式**也**会遭遇“感染”**所有**话语
22 的某些其它种类的不适。同样，尽管我们可以给予这些“不适”以一种更为普遍的解释，但目前我们有意不这样做。例如，如果一个施为话语是由一个演员在舞台上说出的，或者是被插在一首诗中，或者仅仅是自言自语，那么它就会以**一种奇特的方式**成为空洞的或无效的。这以一种相似的方式适用于处于特定环境急剧变化中的任何话语。在这样的情境中，语言以一些特殊的方式被不严肃地使用，这种不严肃的使用**寄生**于语言的标准用法，可将其归入有关语言之退化(etiolation)的原则。所有这类情形都被我们**排除**在考虑范围之外。我们的施行话语，无论是否恰当，都被理解为是在正常的情境中讲出的。

(iii) 我在这里还没有介绍一种由“误解”引起的“不恰当”——或许这种不恰当的确名副其实——部分原因在于至少暂时不加以考虑。在正常状态，为了完成一个许诺行为，我明显必须：

(A) 让某人(也许是受承诺人)**听到**我的话；

(B) 这个人已把我的话理解为许诺。

如果这两个条件中的任何一个没有得到满足，人们对于我是

否确实完成许诺行为会提出质疑，他们可能会认为我的许诺行为只不过是尝试性的或是空的。法律会采取一些特别的预防措施，以避免这种不恰当和其它不恰当，例如，会要求用送文书或送传票的形式来表达许诺。这种特殊情况非常重要，我们将不得不过后 23
在其它与之相关的讨论中回过头加以考虑。

(3) 这些欠缺的方式相互排斥吗？对此的答案是显而易见的。

(a) 不是的，在一定意义上，我们可能一次就以两种方式出错（我们可以真诚地向一个驴子许诺给它一个胡萝卜）。

(b) 不是的，更为重要的是，在一定意义上，出错的方式会“相互遮掩”和“重叠”，所以，我们对出错方式的判定会存在“随意性”。

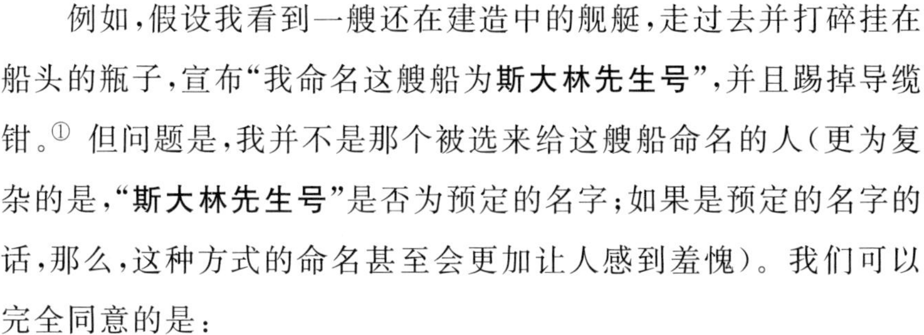

例如，假设我看到一艘还在建造中的舰艇，走过去并打碎挂在船头的瓶子，宣布“我命名这艘船为**斯大林先生号**”，并且踢掉导缆钳。[①] 但问题是，我并不是那个被选来给这艘船命名的人（更为复杂的是，“**斯大林先生号**”是否为预定的名字；如果是预定的名字的话，那么，这种方式的命名甚至会更加让人感到羞愧）。我们可以完全同意的是：

(1) 这艘船并未因此而被命名；[②]

---

① 西方给船舶命名的习俗是，在船头悬挂一瓶香槟酒，命名完后拿开导缆钳释放缆绳，让船航行，船头碰击瓶子，如果酒瓶被打碎则代表万事如意。——译者注

② 给婴儿取名字甚至更困难；我们可能遭遇不合适的名字和不合适的神职人员——某个神职人员有资格给婴儿取名字，但他不打算给**这个**婴儿取名。

（2）这是一件让人极为羞愧的事。

有人可能说，我“经历了”给舰艇命名的“形式”，但我的“行为”是“空的”或“无效的”，因为我并不是一个实施这种行为的合适人
24 选，我没有“能力”来实施这种行为。但是他也可能会选择这样说：在这里根本不存在伪装的能力或欺骗性的命名权利，当时根本就不存在大家所认可的约定俗成的程序；这像跟一只猴子结婚一样，是一个笑柄。或者，他有可能会这样说：程序的一部分就是任命自己。当圣徒给企鹅施洗礼时，这种施洗礼行为之无效，是因为施洗礼的程序不适合用于企鹅，还是因为根本就不存在一种给除人之外的其它东西施洗礼的公认程序？我认为这些不确定性在理论上并不重要，尽管我很乐意研究它们，并且像法学家们那样，为实践上的便利准备好术语来处理他们。

第三讲　不恰当：未成

在第一讲中，我们初步把施行话语离析出来，把施行话语看作 25
不是（或不仅仅是）说些什么而是做些什么，并且看作不是对某事或真或假的报道。在第二讲中我们指出，尽管施行话语根本无真假可言，但它仍然易遭非难——它可能是不适当的，并且我们列出六种类型的**不恰当**。在这六种类型中，有四种能导致施行话语未成，从而使意欲去做的行为落空，因此该行为也就不能生效；与之相对，另外两种只是使声称实施的行为成为一种对程序的滥用。所以现在我们似乎已用两个熠熠生辉的新概念把我们自己武装起来。借助这两个概念，我们摧毁了实在的温床，或许也可以说是摧毁了混乱的温床。现在，我们手中握有两把钥匙，当然，同时我们脚下踩着两块新的滑动垫木。在哲学中，预先准备的东西**应当**预先得到警告。那么，我就在此处暂停一下，去讨论关于“不恰当”概念的某些一般问题，并且把它置于它在该领域新地图的通常位置上。我曾宣称：(1)不恰当适用于**所有**仪式性行为，而不仅仅是言语性的仪式性行为，并且不恰当的仪式性行为比我们所估计的还要普遍；我承认(2)我们的一览表并**不**完备，并且确实还存在影响
一般仪式行为和一般话语的可被合理地称为“不适当”的其它整体 26
维度，而这些维度无疑是哲学家所关注的；并且(3)当然，不同的不

恰当可能会混杂或叠加在一起，从而导致我们对某些特定事例的归类在一定程度上可能是一个选择的问题。

下一步，我们将会举出不恰当的某些实例，即违反我们的那六条规则的实例。让我首先帮你回忆一下规则 A1，即必须存在一个具有某种约定俗成之效果的公认的约定程序，这个程序包括在一定的情境中，由一定的人说出一定的话；当然还有用于补充规则 A1 的规则 A2，即在某一场合，特定的人和特定的情境必须适合所诉求的特定程序的要求。

A1 必须存在一个具有一定效果的公认的约定程序，这个程序包括在一定的情境中，由一定的人说出一定的话。

当然，它的后半部分只不过是用来把该规则限制在话语行为上，而在原则上并不重要。

尽管我们对这条规则的表述包含“存在”和“公认的”这两个单词，但我们还是可以合理地追问除“被公认”之外是否可能还有其它意义的“存在”，以及采用“被(普遍)使用”是否比这两个词更合
27 适。因此，我们无论如何都不可以说“(1)存在，(2)被公认”。那么，鉴于这个合理的质疑，让我们**首先**仅探讨一下“公认”问题。

如果有人说出一个施行话语，并且该话语由于所诉求的程序**不被公认**而被归类为未成，那么可以推定的是，并不是说话者不接受这个程序(至少当该说话者**严肃地**说的时候是这样)。举个什么例子呢？比如，在某个基督教国家中，一对夫妻都是基督徒而不是穆斯林，丈夫对他的妻子说：“我休了你”。在这种情形中，人们可

能会说,“然而,丈夫并没有(成功地)休了妻子,因为我们只承认其它的言语形式或非言语形式的程序”;或者,人们甚至可能会说“**我们**不承认任何为成功的休妻所制定的程序——婚姻是坚不可摧的”。这或许会把我们带到很远,以致拒绝承认那些可被称为**完整**程序**规范**的东西,例如,包含决斗的荣誉规范:比如,通过说“我的助手会约请你”可以发出一个要求决斗的邀约,这句话与说“我要求与你决斗”有着相同的意思,但是由于决斗形式已经过时,所以对于这个邀约,我们仅仅耸耸肩而不予理睬。在堂吉诃德的悲哀故事中,这是人们采取的普遍态度。

当然,很明显,如果我们**从不**认可任何“这样的”程序,也就是说,从不认可任何为做那类事情所定的程序,或者至少从不认可为做某件特别事情而制定的程序,那么事情就相对简单。但同样可能会存在这样的情形:我们确实有时候——在某些特定的情境中或在某些特定的方面——接受某个程序,但是在任何其它情境中或任何其它方面都**不**接受该程序。此时我们通常可能会怀疑(就 28
像在前文的命名例子那样)这里是否存在某个涉及我们正在讨论的 A1 类型或 A2 类型(甚至 B1 类型或 B2 类型)的不恰当。例如,在一次游戏聚会中,当要选队友的时候,你说,“我选乔治”。而乔治嘟囔说,“我不玩。”乔治已经被选了吗?毋庸置疑,这是一种令人不快的情境。那么,我们可能会说,你并没有选择乔治,不管是因为不存在一种允许你选择一个不想玩游戏的人做队友的约定俗成程序,还是因为在这种情境下,对选择队友的程序而言,乔治不是一个合适的对象。或者,在一个荒岛上,你可能会对我说“去捡点柴火来”;而我可能会答道:“我不接受你的命令”或者“你无权

命令我”—— 在一个荒岛上，当你试图“维护你的权威”时（我可能认可你的权威但更可能不认可你的权威），我不接受你的命令。与之相对的情形是，如果你是一艘船的船长，那么你就因此拥有名副其实的权威。

在这里，我们可能会说，把该情形归为 A2 类型（误用）的不恰当吧：即该程序——说出某些话等等——没有问题，并且也是公认的，但程序所涉及的环境或诉求该程序的人却是错的：“我挑选”这句话仅仅当动词的宾语是“一个玩家”时才是合乎程序的，而只有当动词的主语是“指挥官”或“有权发号施令的人”时，一道命令才是合乎程序的。

或者，我们可能说，把该情形归为 B2 类型的不恰当吧（也许我们应该把前一个建议归约为这个建议）：程序没有被完全地实
29 施，这是因为作为短语动词“我命令……”之宾语的那个人，必须通过某个在先的无言程序或有言程序，譬如，通过说“我答应做你命令我做的任何事情”，首先给那个要发布命令的人授权，这个授权程序是整个程序的必要组成**部分**。当然，这里也存在**一个**不确定性——一个确实是非常普遍的不确定性——当我们在政治理论中讨论是否存在社会契约或者是否应该存在社会契约时，这种不确定性就潜伏在争论之中。

在我看来，尽管我们同意，要么基于事实要么通过引进更进一步的定义，我们更偏好把某种特定的情形归为这一类不恰当而不是另一类不恰当，但我们到底该如何对这些特定的情形进行归类，似乎在原则上并不重要。但是，既不把它们归为 A2 类型也不把它们归为 B 类型，应该作为一般规则，并且很重要的是要明确：

(1) 如果把它们看作是违犯 B 类规则,那么不管我们在多大程度上接受该程序,仍然可能有人会**完全**拒绝它。

(2) 如果把它们看作是违犯 A2 规则,那么,一个**公认**的程序不仅意味着它**事实上被普遍使用**,甚至也不仅仅意味着它事实上被迄今所关涉的人普遍使用;并且,从原则上讲,它必须对拒绝任何程序(或程序规则)的人保持开放,甚至对譬如说迄今一直拒绝接受荣誉规范的人(有可能出现这样的人)也保持开放。当然,如果一个人的确这样做,那么他就有遭受抵制的危险;其它人会拒绝与他为伍或者说他不是一个有荣誉感的人。**最为重要的是**,不应该把所有的事情都放到索然无味的事实环境中,因为对于从“实然”中推出“应然”,早就存在异议。(被公认不是真正意义的情境。)对于很多程序而言,比如说玩游戏,不管情境可能多么合适,我仍然可能不想玩。并且,更进一步说,我们应该力辩,“被公认”可定义为被“经常”使 30
用终究是有疑问的。但是,这是一个更加困难的问题。

我们接着要追问的是,“有时某个程序甚至可能不存在”这一暗示究竟意味着什么?这个问题显然不同于“某个程序是否被这个或那个群体接受”这一问题。[①]

(i) 我们有“不再存在”的程序,也就是说,尽管这些程序曾经被普遍接受,但现在它们不再被普遍接受,甚至不被任何人接受。例如,要求决斗的程序就属于这种类型。并且,

① 在这里,如果我们不愿意说对程序是否“存在”有怀疑(我们最好不这样说),因为“存在”一词让我们产生一种目前流行的毛骨悚然的感觉,这种感觉通常无疑是无可非议的,那么,我们可以说,这种怀疑恰恰是对某个毋庸置疑的确存在而且被公认的程序的确切本质或定义或理解的怀疑。

(ii) 我们甚至有某个人正在创造的程序。有时创造者可能“侥幸成功”,就像在足球比赛中,第一个捡起球来并且继续跑的人那样。[1] 尽管侥幸做成某事是可疑的术语,但是它却是必要的。请考虑一种可能的情形,在其中我们更可能会说该程序不存在,而不说我们不接受该程序:说“你是个懦夫”,可能是谴责你也可能是侮辱你,而且,我可以通过说“我谴责你”但却不能通过说“我侮辱你”来使我的行为明确——其原因在这里并不重要。[2] 我们唯一
31 要关注的是,如果某个人**的确**说“我侮辱你”,那就会引起一种特殊形式的“不理会”(non-play)[3]:因为尽管侮辱是一种约定程序,并且确实主要是一种言辞的约定程序,所以在一定的意义上我们不会不理解说出“我侮辱你”的那个人想要诉求的程序,但我们必定会不理会他,不仅仅因为该约定不被接受,还因为我们隐隐约约地感觉到存在某种障碍,阻止这个约定被接受,尽管这种障碍的性质并不能立刻清晰显现。

当然,更为普遍的问题是,一个程序的适用范围存在不确定

① 传说中橄榄球起源为:一个名叫埃利斯(William Webb Ellis)的 16 岁的小男孩,在一次足球比赛中,因为比分落后,情急之下,他竟然抱起地上的球就向对方的球门跑去,虽然在当时这个举动违反了足球的规定,但却引起在场观战的观众的强烈兴趣并使得橄榄球这项运动得以诞生。——译者注

② 许多这样可能的程序和公式是有害的,如果它们被认可的话;例如,或许我们不应该承认“我向你许诺我将击败你”这种公式。但是,我得知在德国学生间决斗最为盛行时期的一个习俗是:一个俱乐部的成员在其敌对俱乐部成员面前作分列式的行进,每个人依次排列成行,而后每个人在通过其所选择的对手时很有礼貌地对他说“Beleidigung”,其含义就是“我侮辱你”。

③ “Non-play”曾经被奥斯汀用来作为 A1 类型不恰当的名称,他后来又拒绝这个叫法,但在他的笔记的这个地方仍然使用。——原编者厄姆森注

性——它涵盖哪些情形或者我们能够让它涵盖哪些种类的情形。从本质上看,任何程序的适用范围都具有含糊性,当然,它的“确切的”定义也因此具有含糊性。总是会出现一些难以处理的困难情形或边缘情形,在一个约定程序的先前历史中,还找不到最终判定这种程序是否适用于这种情形的依据。如果有一条狗的确是理性的,我能给它施洗礼吗?或者,我应该不被理会?在法律领域中,这样的困难判决大量存在:我们是把某个情形判定为 A1 类型的不恰当,即约定不存在,还是把它判定为 A2 类型的不恰当,约定 32
确实存在但环境并不适合于该约定的诉求,这种判定往往带有或多或少的任意性。在这种判定中,我们倾向于用我们所设的“判例”来约束。律师们通常更喜欢把最新的案例看作是运用法律,而不是创造法律。

当然,还可能产生另外一种情形,这种情形可用许多方式加以归类,但值得我们特别注意。

我作为例子举出的施行话语都是些非常完备的事件,我们后面将会称之为**显性**(*explicit*)施行式,以与那些仅为**隐性**(*implicit*)施行式对照。那就是说,它们(全部)都以诸如“我打赌”、“我承诺”、“我遗赠”这样非常明显并且没有歧义的表达式作为开头,或者包含这样的表达式,这种表达式也非常普遍地被用于命名我在说出这样的话语时正在实施的行为——例如打赌、承诺、遗赠,等等。但是,当然,很明显也很重要的是,有时我们也能用“去做吧”(“go”)这样的话语,实际上去完成“我命令你去做”这样的话语所完成的命令行为。而且,在这两种情形中,在随后描述某人所做的

事情时，我们都乐意说他命令我去做。但是，当我们使用像“去做吧”这样纯粹的祈使句那样不明显的公式时，实际上可能存在不确
33 定性，并且仅就话语而言，总是留有不确定性：说话者正在命令（或正在意欲命令）我去做，或者仅仅建议我去做、威胁我去做，等等。与此类似，“在田野里有一头牛”可能是也可能不是一个警告，因为我**可能**只是在描述某个场景。而“我会去那里”可能是也可能不是一个承诺。在这里，我们称它们为初级施行式，以区分于显式施行式；并且可能还不存在任何环境特征可据以判定该话语到底是否为施行话语。无论如何，在一个给定的情境中，我们把它看作是施行式还是非施行式，可以有选择的空间。或许，它是一个施行式公式，但是它是否诉求于我们所谈到的程序并不明确。也许，我没有把它当作一道命令，或者至少不是**必须**把它当作一道命令。听者也不**把它当成**一种承诺：比如，在特殊情境中他不接受那个程序，其理由是最初的施言者没有完整地执行仪式。

我们可以把这种情况看作是有瑕疵的或不完善的行为（B1 或 B2 规则）：除此之外，它确实是完整的，尽管它并非不含糊。（当然，在法学领域这种隐性的施行式通常会被归于 B1 或 B2 规则下——例如，不明确的遗赠要么被看作是不正确的行为，要么被看作是不完整的行为，这被看作是一条规则；但是在日常生活中就不这么严格。）我们也可以把它归为**误解**（我们还没有考虑这个类
34 型）：但它是一种特殊的类型，牵涉到与话语的意义相对的话语力量。这里的关键问题恰恰不是听者**不**理解，而是听者并不**必须**理解，譬如说，不必把它理解为一个命令。

实际上，我们甚至可以会把这种情况归为 A2 类型。我们说，

该程序的设计不适用于不明确的环境,因此它在不明确的环境中的使用使它完全为空。我们或许可以声称它只被用于清晰无歧义的环境中。但这只是一种难以实现的理想。

A2 在某一场合,特定的人和特定的情境必须适合所诉求的特定程序的要求。

我们下一步将转向讨论违反 A2 规则的情形,我们已经将此类型的不恰当称为误用(Misapplications)。这类例子数量众多。比如,当你已被任命后我才对你说:“我任命你”,或者当该职位已委任给他人而我又对你说:“我任命你”,或者我没有资格作任命却又对你说:“我任命你”,或者我对一匹马说:“我任命你”。再比如,你与某个女人有被禁止结婚的亲属关系,却对她说:“我愿意”(娶你做我的合法妻子),或在一位没有出海航行的船长面前说:“我愿意”(服从你的命令)。又比如,当某个东西不属于我,而我却对你说:“我(把它)赠送给你”,或者我对你说:“我把我自己身上的一磅肉赠送给你”,而实际上这磅肉是我身上的活生生的、不可分离的一块肉。对于这些不同类型的情形,我们有各种各样的专门术语来指称,如“越权行为”、“无资格”、“不是一个合适的或恰当的对象(或人,等等)”、“没有做某事的资格”,等等。

“不合适的人”和“不合适的情境”之间的界限未必那么严格、那么固定。事实上,“情境”明显可以被扩展到基本上涵盖所有参与者的“性质”。但是,我们必须区分如下两种情形:一种情形是 35
人、对象、名字等的不合适,这属于“无资格”问题;另一种更简单的

情形是对象或“执行者”的不合适，这属于错误的种类或错误的类型问题。这又是一种粗糙的、暂时性的区分，但并非不重要（比如，在法律中）。因此，我们必须区分以下两种情形：一种情形是，一位牧师在给婴儿洗礼取名时，名字用对了，但却把小孩弄错了，或者小孩弄对了，但却弄错了名字，本该给他取名为“阿尔弗雷德”，却取为“阿尔伯特”；另一种情形是说：“我把这个婴儿叫作2704”，或者说：“我保证我会打扁你的脸”，或者把一匹马任命为领事。在后一种情形中，包含着错误种类或错误类型的事物，而前一种情形中的不合适只是无资格问题。

我们已经提及A2类型不恰当与A1和B1类型不恰当的某些重叠：如果那个人**本身**就不合适，而不仅仅由于对他的任命不合适（A2类型）——即没有任何在先的程序或在先的任命等使事情得到妥善的安排，那么，我们更有可能称之为误求（misinvocation）（A1类型）。另一方面，如果我们按照字面意义考虑**任命**问题（与身份相对的职位），那么，我们可能会把该不恰当归类为错误执行的问题（B1），而不是误用程序的问题——例如，如果我们在某人被提名前就把选票投给他。这里的问题是，在“程序”中我们到底该追溯多远。

我们接着要举出一些被称为误施（Misexcutions）的B类不恰当的例子（当然，我们已经涉及这种例子）。

36 **B1 这个程序必须为所有参加者正确地实施。**

这里会存在一些差错。例如，这些差错会表现为使用错误的公式——确实存在适用于那些人和那些情境的程序,但该程序并未得到正确的执行。这种事例在法律中更容易见到。在日常生活中,它们自然不会那么明确,而要打折扣。对不明显的公式的使用或许可以被归到此类不恰当名下。使用模糊的公式和不确定的指称也被归到这种不恰当名下。譬如说,如果我有两套房子,而在说“我的房子”时用的单数名词“房子”。或者,如果今天安排有多场比赛,而我却说:“我敢和你打赌,今天不会举行比赛”。

这个问题与误解或听者的理解力差不同。无论听者究竟如何理解,仪式都包含某种差错。导致这种特殊困难的原因之一是这样一个问题:在牵涉两方面的情况下是否必须“**意思一致**”。对我而言,确保正确理解和所有其它事情一样重要吗?无论如何,这都明显是一个应归于 B 类规则之下而不是 Γ 类规则之下的问题。

B2 这个程序必须为所有参加者完全地实施。

这里会存在一些障碍。我们试图执行程序但行为却落空了。例如,除非你说“我接受你的赌”或有同样效果的话语,否则我通过
说“我跟你赌六便士”来进行打赌的企图就会落空;如果我想娶的 37
那个女人说“我不会”(嫁给你),那么,我想通过说“我愿意”(娶你做我的合法妻子)来结婚的企图就会落空;如果我说“我要和你决斗”,却没有派遣我的助手通知你,那么我向你挑战的企图就会落空;如果我说“我打开这个图书馆”但钥匙却折断在锁眼里,那么我按仪式打开这个图书馆的企图就会落空;如果我在说“我让这艘船起航”前就敲掉楔子,那么,事与愿违,给船命名的仪式就会落空。

在这里又一次出现的情况是,在日常生活中,程序的一定程度的不严格是允许的——否则我们在大学中什么也干不成!

当然,有时会产生是否必须进一步做某些事情的疑问。例如,如果我要送给你某件礼物,你被要求接受它吗?毫无疑问,在正式场合,接受是使赠送这件事得以完成的必要环节,但是在日常生活中也是这样吗?当做出一个未经被任命人同意的任命时也会产生相似的疑问。这里的问题是,行为在多大程度上可以是单方面的?与此相似,关于行为何时结束也会产生问题,怎样才算是行为的完成呢?[1]

在所有这些讨论中,我要提醒你们的是,我们**并不**涉及另外一个方面的不适当:由行动者完全弄错事实所产生的不适当,或者因对于事实问题的分歧所产生的不适当,更不用说由于观点的分歧所产生的不适当。例如,并不存在我能向你许诺去做一些对你有害的事情所诉求的约定,从而使我自己负有对你做该事的责任;但
38 是,假如我说"我答应把你送到一家修道院去",我认为这是为你着想而你却不这样认为,或者当你认为这是为你着想而我却不这样认为,甚至当我们都认为这是为你着想,但实际上这并不对你有利时,那又如何呢?我是否在不恰当的情境中诉求某种不存在的约定呢?不用说,作为一般原则问题,在这些可供选择的方案之间,不可能存在令人满意的选择。这些方案都太粗糙,以致无法应对微妙的情形。并不存在任何简明地阐述情境之全部复杂性的捷

① 因此可能会有人怀疑礼物交付失败是否意味着赠送礼物这件事未成功完成或使其成为一种Γ类型的不恰当。

径，这种复杂的情境并不完全符合任何一种常规的分类。

所有的这些讨论似乎表明，我们只是在收回我们的规则。但这不是事实。即使某个特殊情形究竟包含什么样的不恰当有时难以确定，但可以明确的是，存在这六种可能的不恰当。并且，如果我们愿意的话，至少对特定的情形而言，我们可以对它们进行界定。并且，我们必须不惜任何代价地防止过分简单化，就算过分简单化不是哲学家们的职业，人们可能也很愿意把它称为哲学家的职业病。

第四讲　不恰当：滥用

39　上一次，我们考虑种种情形的不恰当，并且我们涉及不存在程序或不存在公认的程序的情形；程序在不合适的情境中被诉求的情形；以及程序被有瑕疵地执行或不完全地执行的情形。并且我们指出，在某些特别的情形中，这些不恰当可能相互重叠；并且这种重叠通常有两种情况：(a)它们与**误解**重叠，误解是所有话语都易遭受的不恰当；(b)与**失误**和胁迫下的行为重叠。

最后一类情形是违反 Γ1 和 Γ2 规则的不恰当，即不真诚与违约或不履行。[①] 在这里，我们会说，尽管该行为仍然是**不**适当的，但它并非是空的。

让我们重复一下定义：

Γ1 这个程序通常是设计给具有一定思想、情感或意图的人使用的，或者设计给任何参加者去启动一定相因而生的行为，那么，参加并求用这个程序的人，必须事实上具有这些思想和情感；[②]

40　Γ2 并且参加者随后必须亲自这样做。

---

① 见(边码)第 18 页及脚注。

1. 情感

不具有所必需的情感的例子如下:

当我并不感到愉快,或许甚至有几分生气时说“我祝贺你”。

当我并不真正同情你时说“我向你表示慰问”。

在这些事例中,情境是合适的,并且行为也被实施,并不是空的,但是这种行为实际上是**不真诚的**;就像我所感受的那样,我没有任何祝贺你或者慰问你的心意。

2. 思想

不具有必需的思想的例子如下:

当我认为所建议的事情对你而言并非最可取时却说“我建议你去(做某事)”。

当我认为他有罪时却说“我宣判他无罪”。

这些行为并不是空的。虽然不真诚,但我的确提出建议或作出判决。在这里,在做断言式的言语行为时,与**说谎**的一个要素明显存在相似。

3. 意图

不具有所必需的意图的例子如下:

当我并不打算做我所许诺的行为时却说“我许诺”。

当我并不打算为我所打的赌付账时却说“我打赌”。

当我并不想打仗时却说“我宣战”。

我不是在专门的意义上,而是以不严格的方式使用“情感”、41

“思想”和“意图”这些术语的。但是，某些评注是必要的：

(1) 这些划分是如此的不严格，以致所谈的情形未必可轻易地区分。并且，这些情形至少是可能混杂在一起的，而它们通常也的确如此。例如，如果我说“我祝贺你”，那么我们必须要真的有一种情感或一种思想认为你的确做得很好或者应受好评吗？说这句话时我有一种思想或情感认为该行为是值得高度赞扬的吗？又比如，就许诺的情形而言，我必须确实想要信守诺言：但我还必须相信该承诺是切实可行的（必须打算履行承诺，而不仅仅是尝试履行承诺），而且或许我还必须相信受约人会认为该承诺会对他有好处，或者我必须相信该承诺对他有好处。

(2) 就思想而言，我们必须把我们真的认为事物如此这般（例如，我们认为他有罪，我们认为行为是他做的，我们认为该荣誉属于他，我们认为该壮举是他完成的）与我们认为如此这般的事物的确如此区分开来，这就是说，思想必须是正确的，而不能是错误的。（与之类似，我们能够把我们真的有这样的情感与该情感被证明为合理区分开来，并且能够把我们真的想做什么事情与想做的事情的可行性区分开来。）但是，思想是最有趣的情形，譬如说，是最令人迷惑的情形：不诚实是撒谎的基本要素之一，但撒谎行为中的不诚实与单单说出一句事实上为假的话明显不同。例如，我相信罪行是他做的，但我却说他“无罪”，那么，我的想法就是不诚实的；或者我相信该壮举不是他完成的，但我却说“我祝贺”，那么，我的想法也是不诚实的。但是，我在这样相信时，实际上有可能弄错。

42 假如我们的思想至少部分是不正确的（与不真诚是不同的），那么，这当然可能导致另一种形式的不恰当：

(a) 我可能把实际上不属于我的某件东西(但我相信它是我的)拿去赠送给别人。我们可能会说这是“**误施**”,即环境、对象、人等,对赠送程序而言,是不合适的。但我们必须记住,我们也曾经说过要将所有由错误和误解引起的不恰当排除在不恰当的范围之外,即便我们也可以称其为不恰当。我们应该注意的是,错误通常不会使一个行为变成**空的**,尽管它可能使该行为成为**可宽恕的**。

(b)“我建议你做某件事”是一个施行话语。那么,请考虑一下这种情形:我建议你做的事实际上完全不符合你的利益,尽管我以为它符合你的利益。这种情形与(a)类情形完全不同,因为在这里没有任何东西引诱我们认为该建议行为或许可能是空的或无效的,同样也没有任何东西引诱我们认为它可能是不真诚的。在这里,我们宁可再次引入一种全新的批评维度,我们会批评说,这是一个**坏的**建议。在对建议诸多可能的批评方式中,这是最糟糕的批评。即使从我们上述所有的规则看,某一个行为是恰当的,但它仍然不能免除一切批评。我们将会回过头来谈论这个问题。

(c) 比上述两种情形都更复杂的也是我们随后会回头来谈论的一种情形。有一类我称之为**裁决式**(verdictives)的施行话语:
例如,我们说“我认为被指控者有罪”或仅仅说“有罪”,或裁判说 43
“出局”。当我们说“有罪”时,如果我们真的是基于证据而认为他有罪,那么,该话语行为在某种程度上是适当的。**另一方面**,毋庸置疑,该程序的所有关键点在一定程度上都是正确的;它甚至几乎不存在上面所说的观点问题。因此,当裁判说“结束”时,该轮投球就结束了。但是,我们同样可能做出“坏的”裁决:该裁决要么可能是**不当的**(评审团的裁决),要么甚至可能是**不正确的**(裁判的裁决）。所以，在这里，我们有不适当的情况。但它仍然不是我们所说的那些不恰当中的任何一种：它既不是空的（如果裁判说“出局”，那么击球手就出局了；裁判的判决是决定性的），也不是不真诚的。然而，我们现在还是不关注这些迫在眉睫的问题而是仅仅对不真诚的情形做出区分。

（3）就意图而言，也存在某些特别棘手的问题：

（a）我们已经注意到，对于什么行为会引起继起的行为和什么行为仅仅是一个单一的、整体的行为的完成或终结，我们存在疑虑：例如，尽管就许诺情形而言，“我许诺”与该话语所完成的许诺行为之间的关系是清楚的，但是我们却难以确定如下的话语与它所完成的行为之间的关系：

> “我赠送”与交出财产的行为。
>
> “我愿意”（娶这个女人等……）与完成婚礼的行为。
>
> “我卖”与完成交易的行为。

所以，关于以不同的方式区分完成一个**继起的**行为所必需的
44 意图和完成一个**目前的**行为所必需的意图，存在着相似的可能性。当然，这不会引起有关不真诚概念的原则问题。

（b）我们已经大致把你必须具有某些意图的情形与你必须打算执行某个进一步的行为过程的更为特殊的情形区分开，在后一种情形中，特定程序的使用被精确地设计用来使进一步的行为过程正式开始（无论是使之成为必须履行的行为过程还是成为许可的行为过程）。这种更为专门化的程序的步骤将保证实施某项行

动,当然,可能还进行命名。这种程序的关键点恰恰在于使某个继起的行为合乎规程,而其它的行为则不合规程。当然,对很多目的而言,譬如说,对法规而言,这个目标越来越接近实现。但是,其它的情形却并不那么容易。例如,我可以简单地通过说“我将会……”(I shall...)来表达我的意图,当然,在说出这句话时,如果我不是不真诚的,那么,我就必须具有这个意图。但是,如果我后来并没有做我打算做的事情,那么,不恰当的程度或方式到底如何?再比如,在一个欢迎仪式上,我通过说“我对你表示欢迎”来欢迎你,在这里欢迎意图恐怕是必需的。但是,如果说话者随后的行为举止很粗俗,那又怎样呢?又比如,我向你提建议,并且你也接受我的建议,但是接着我对你发火,那么,在多大程度上我有义务不这样做?或者我仅仅“不被期望”这样做?或者那个提建议和接受建议的部分使这个继起的行为不合乎规程?与之类似,我请求你做某

事,你也答应了,但随后我又反对,那么,我违反规则吗?可能是。45
但也存在一种使这类事情更清楚的经常倾向,比如,我们从说“我原谅”(I forgive)进展到说“我饶恕”(I pardon),或从说“我将会”(I will)进展到说“我打算”(I intend),或进展到说“我承诺”(I promise)。

到此为止,施行话语可能出现不适当的方式如此之多,以致我们所讨论的“行为”仅仅是意欲的或伪称的,等等。总之,假如你偏好行话,这就相当于说,一个话语要成为适当的话语,某些条件必须得到满足——某些事情必须如此。并且,似乎很清楚的是,这使我们不得不断言:为了使某个施行话语适当,某些陈述必须**是真的**。这个断言本身无疑是我们的研究的无足轻重的结果。那么,至少为了避免我们已经考虑到的这些不恰当:

（1）究竟哪些陈述必须为真？而且

（2）对于施行话语与这些真的陈述之间的关系，我们能说什么令人振奋的东西呢？

必须记住，我们在第一讲中说过，当我们说“我许诺”时，我们可能在一定意义上或以某种方式**蕴涵**着很多事情如此这般，但这完全不同于说“我许诺”这句话是一个有关这些事情如此这般的或真或假的陈述。我将会考虑一些重要的事情，倘若要使一个行为成为适当的行为，这些事情必须是真的（不是全部事情——但即使这些事情似乎也是够乏味和琐碎的：我希望如此，因为现在乏味和琐碎意味着“显而易见”）。

46 假如当我说“我道歉”时，我的确在道歉，那么，我们现在可以说，我或他确实道歉了，这时

（1）我正在做（已完成）某些事情——实际上是许多事情，但我尤其是在道歉（已完成道歉），这是真的而不是假的；

（2）某些条件确实得到满足，尤其是我们的规则 A1 和 A2 中所规定的那类条件，这也是真的而非假的；

（3）有关我们的 Γ 类规则的某些其它条件也得到满足，尤其是我正在考虑某些事情，这同样是真的而非假的；而且

（4）我被要求随后要做某些事情，这也是真的而非假的。

严格地说，而且，非常重要的是，我们到底在什么意义上说“我

道歉”意味着这些东西的真实性，这一点已经得到解释——我们一直在解释的也正是这点。但是，把施行话语的这些“含义”与我们晚近获得的有关与之相对照的并且更受偏爱的另一种类型的话语即陈述或记述话语之“含义”的某些发现相比较，是很有趣的。**陈述**或记述话语与施行话语不同，它本身是有真假的。

我们首先要考虑的是(1)：“我道歉”这句话与我正在道歉的这个事实之间究竟是什么关系？重要的是要看到，这种关系不同于“我正在跑步”这句话和我正在跑步的事实之间的关系(“我正在跑步”这句话和我正在跑步的事实之间是“纯粹的”报道关系，而“我道歉”这一话语与我正在道歉的这个事实之间恐怕不是真正“纯粹的”报道关系)。在英语中，这种差别使用非现在进行时的施行话语公式来加以标示：但它未必在所有的语言中都得到标示——有的语言可能缺少现在进行时态——甚或在英语也并非总是得到标示。

我们或许会说：在普通情形中，例如跑步，他正在跑步的事实使陈述他正在跑步为**真**；或者说，“他正在跑步”这一记述话语之真取决于他正在跑步的事实。然而，在我们所讨论的情形中，“我道歉”这一施行话语的适当性使得我正在道歉成为一个事实：而且我的成功道歉依赖于“我道歉”这一施行话语的适当性。这是我们可以证明“施行话语—陈述话语”区分——即行与言的区分——之合理性的一种方式。

下一步，我们将会考虑一个陈述意味着某些其它陈述之真的诸多方式中的三种方式。我将要谈及的一种方式早已被人们了解。另外两种方式是最近刚刚被发现的。我们不会以过于专门的术语来阐述这个问题，尽管这是可以做到的。我将会谈到这个发现:不客气地说,在说出由“事实”陈述连接而成的一个复杂句子时,我们可能出错的方式远不止是矛盾(不管怎样,这是一种复杂的关系,需要并且能够给出定义和解释)。

1. 蕴涵

48 “所有的人都脸红” 蕴涵着(entails)“有些人脸红”。我们不能说“所有的人都脸红但有些人没有脸红”,或者“那只猫在垫子下又在垫子上”或“那只猫在垫子上又不在垫子上”,因为在这些事例中,第一个分句蕴涵着第二个分句的反命题。

2. 意味

正如穆尔(G. E. Moore)[①]所注意到的“意味”(implies)的那个含义,我所说的“猫在垫子上”这句话意味着我相信它在垫子上。我们不能说“猫在垫子上但我不相信它在垫子上”。(事实上这不是“意味”的日常用法。“意味”一词的实际含义要比这弱。当我们说“他意味我不知道它”或“你意味你知道它(与相信它不同)”时,“意味”一词的含义就没有穆尔所说的那么强。)

3. 预设

“杰克的所有孩子都是秃子”这句话,预先假定(presupposes)杰克有若干孩子。我们不能说“杰克的所有孩子都是秃子但杰克

① 穆尔(1873—1958):英国现代著名哲学家、伦理学家,其代表作是《伦理学原理》(1903年)。——译者注

没有孩子”,或者“杰克没有孩子而他的所有孩子都是秃子”。

所有这些不当情形让人愤慨。但我们绝不应该用某个总括的概念,如“意味”或“自相矛盾”来概括它们,因为它们之间存在很大的差别。杀死一只猫的方法很多,不必非得用奶油把它呛死(即不必非得在一棵树上吊死);(正如上面这句谚语所表明的)这恰恰是我们所忽视的:不按规则说话的方式有很多,不仅仅是自相矛盾一种。主要问题在于:有多少种不按规则说话的方式?为什么说它们违反说话规则?这些话在何处违规?

让我们以一种熟悉的方式对比一下这三种情形: 49

1. 蕴涵

如果 p 蕴涵着 q,那么非 q 蕴涵出非 p:如果“猫在垫子上”蕴涵着“垫子在猫下面”,那么“垫子不在猫下面”蕴涵着“猫不在垫子上”。在这里,一个陈述之真蕴涵着另一个陈述之真,或者说,一个陈述之真与另一个陈述之真是相冲突的。

2. 意味

与蕴涵不同的是,即使我说猫在垫子上意味着我相信它在垫子上,(在日常英语中)这也不表明,我不相信猫在垫子上就意味着猫不在垫子上。在这里,我们并不关心命题之间的不一致,它们完全可以是相容的:猫在垫子上但我不相信它在垫子上,这二者可能都是事实。但是,在另一种情形中,我们不能说“猫在垫子上但垫子不在猫的下面,这二者可能都是事实”。或者,在这里,说“猫在垫子上”,就不可能又说“我不相信它在垫子上”;“猫在垫子上”这一断言意味着相信。

3. 预设

这种情形也与蕴涵不同。即使说“约翰的孩子是秃子”以约翰有孩子为先决条件，但这并不表明，约翰没有孩子以约翰的孩子不是秃子以先决条件。此外，不仅“约翰的孩子是秃子”以约翰有孩
50 子为先决条件，而且“约翰的孩子不是秃子”也以约翰有孩子为先决条件。但事实上，“猫在垫子上”和“猫不在垫子上”并不都蕴涵猫在垫子下。

让我们先考虑一下“意味”，而后再考虑“预设”：

意味

假设当我并不相信猫在垫子上时却说“猫在垫子上”，那么，我们该怎么评价这件事呢？显然，这是一种**不真诚**的情形。换句话说，尽管这里的不适当所影响的是陈述，但这种不适当与我在不打算履行诺言、不相信诺言等等时说“我许诺……”所产生的不适当，是完全一样的。一个断言的不真诚与一项承诺的不真诚是一样的，因为承诺和断言都是给有某些特定思想的人使用的程序。“我承诺但却不打算(履行)”类似于“这是事实但我不相信”；在不打算履行承诺的情况下说“我承诺”，类似于在不相信某个事实的情况下说“它是事实”。

预设

下一步，让我们考虑预设：当约翰没有孩子时，对于做出“约翰

的孩子都是秃子”这样的陈述,又该如何评价呢?我们通常会说,
该陈述不是假的,因为它缺少所指;无论对真还是假来说,所指都
是必需的。(那么,该陈述没有意义吗?并不是在所有情形下都如
此:它并不像一个“没有意义的句子”那样,是不合语法的、不完整 51
的、胡言乱语的……。)人们会说“这个问题不会产生”。在这里,我
要说的是,“这句话语是空的”。

让我们将这种情形与我们说“我命名……”但某些(A1)条件和(A2)条件没有得到满足的情形相比较(或许尤其是A2条件,但实际上同等重要,对于陈述而言也存在相似的A1预设!)。在这里,我们可能用过“预设”公式:我们可以说“我愿意”(娶这个女人做我的合法妻子)这个公式预设许多东西:如果这些条件没有得到满足,那么,这个公式就是不适当的,就是空的。在缺少所指(甚至在所指含混不清)的情况下,一个施行话语无法成功地变成一项契约,正如一个记述话语无法成功地变成一个陈述一样。与之相似,如果你不处于就某个可向我提建议的位置,那么,建议的好坏问题就不会产生。

最后,尽管一个命题蕴涵着另一个命题的方式可能与“我承
诺”蕴涵着“我应该”的方式不相同,但二者之间存在相似性:“我承
诺但我不应该(做某事)”与“它是如此而又不是如此”相似;说“我
承诺”却不付诸行动,与同时说“它是如此”和“它不是如此”相似。
正如一个内在矛盾使一个断言的目的落空一样(我们在内在矛盾
中同时进行同化和对照,从而使整个程序失效),如果我们说“我承
诺但我不应该(做某事)”,那么,契约的目的也就落空。这样的话
语使你受到约束又拒绝使你受到约束。这是一个自相矛盾的程 52

序。一个断言使我们受另一个断言的约束，一个行为使我们受另一个行为的约束。此外，正如 p 蕴涵 q 那么非 q 蕴涵非 p 一样，“我不应该”（做某事）也同样蕴涵“我不承诺”（做某事）。

总之，我们看到，为了解释一个陈述可能以哪些方式出毛病，我们不能仅仅像传统做法那样只集中注意所牵涉到的命题（不论是什么命题）。如果我们要了解陈述和施行话语间之间的相似之处，以及它们各自可能出毛病的方式，我们必须考虑说出该话语的整个情境——整个言语行为。所以，全部语境中的整个言语行为正在零碎而又重要地从特殊情形的逻辑中显露出来：因此，我们正在把所谓的记述话语吸收到施行话语中来。

第五讲　施行式的可能标准

在前一次演讲的结尾部分，我们所考虑的是施行话语与的确 53
有真假可言的各种陈述之间的关系问题。我们提到如下四种特别值得注意的联系：

（1）如果“我道歉”这一施行话语是适当的，那么，“我正在道歉”这个陈述就是真的。

（2）如果“我道歉”这一施行话语是适当的，那么，“某些条件——尤其是A1规则和A2规则中的那些条件——得到满足”这一陈述，必须是真的。

（3）如果“我道歉”这一施行话语是适当的，那么，“某些其它条件——尤其是Γ1规则中的那些条件——得到满足”这一陈述，必须是真的。

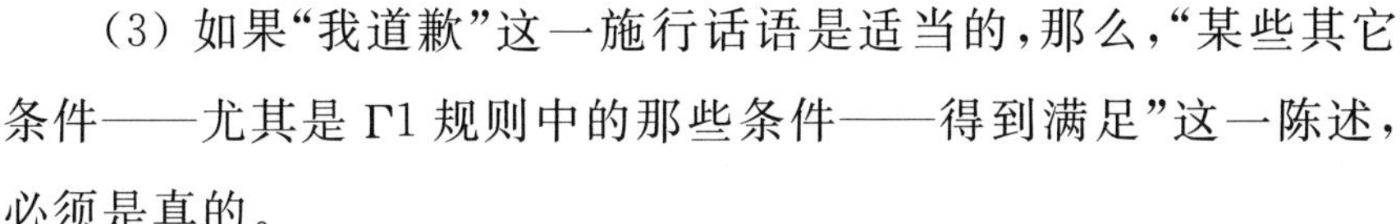

（4）如果至少某些类型的施行话语，例如契约性的施行话语，是适当的，那么，那种以我应该或不应该接着做某个特定事情为典型形式的陈述，就是真的。

我一直在讲，在上述第二种联系与已在同施行话语相对的陈述中被称为“预设”的现象之间，似乎存在某种相似性，或许甚至是
同一性。并且，上述第三种联系与陈述中所谓“意味”（在我看来， 54
这个称呼有时不正确）现象之间，也存在这种相似性或同一性。预

设和意味是一个陈述之真与另一个陈述之真可能发生重要联系的两种方式，但这两种方式与执着死板的逻辑学家们所偏爱的那种“蕴涵”方式不同，“蕴涵”的含义是一个陈述之真蕴涵着另一个陈述之真。只有上述第四种联系才表现出与陈述之间的蕴涵关系的相似性(我仍不认为这种相似有多么令人满意)。与“我许诺做X但我不打算做它”相比，“我许诺做X但我没有责任去做它”可能的确看上去更像一种自我矛盾——不管是什么矛盾。同样，“我没有责任去做X”或许确实会被认为能推导出“我不许诺做X”，并且也有人可能会认为，断言p使我要对做出断言q负责的方式，与许诺去做X使我要对做X负责的方式并不相像。但在这里，我不想下结论说存在或不存在什么相似之处；我只想说至少在其它的两种情形中存在着非常相似之处；这表明至少在某种程度上我们一开始在记述话语和施行话语之间做出的暂时性的区分正在崩溃。

然而，我们或许会强化我们的那种信念，即通过回到那种认为记述话语有真有假而施行话语有适当不适当之分的旧观点，可以对两种话语做出最终区分。我们可以把我正在道歉这一事实与“约翰正在跑步”这一陈述的情形做一下对比，前者依赖于“我道歉”这句施行话语的适当性，而后者之真依赖于约翰正在跑步的事
55 实或情形。但这种对比听上去也并不那么有道理：先考虑记述话语，与(记述)话语“约翰在跑步”相关的是“我正在陈述约翰正在跑步”，而这个话语之真可能依赖于“约翰在跑步”的适当性，正如“我正在道歉”之真依赖于“我道歉”的适当性一样。然后，我们再考虑施行话语。与施行话语“我警告你那头牛将会攻击”(我假定这是一个施行话语)相关的是那头牛将会攻击的事实(如果这的确是个

事实的话)。如果那头牛并**不**攻击,那么"我警告你那头牛将会攻击"这句话的确会遭受批评——但却并不以我们迄今所描绘的各种各样的不恰当中的任何一种方式受到批评。我们不应该在此情形下说这个警告是空的——即他并没有警告成,而只是经历过一种警告的形式,也不应该说这个警告是不真诚的。就像对待一个陈述一样,我们应该更倾向于说这个警告是假的或者(更好说成是)错的。因此,对适当的类型和不适当的类型的考虑可能影响陈述(或某些陈述),而对真假类型的考虑可能影响施行话语(或某些施行话语)。

那么,我们不得不进一步迈入有关比较之精确性的困难境地。我们必须要问:是否存在某种精确的方式我们可借以把施行话语与记述话语明确地分开?尤其是,我们自然首先会追问是否存在识别施行话语的某种**语法**上(或词纂上)的标准呢?

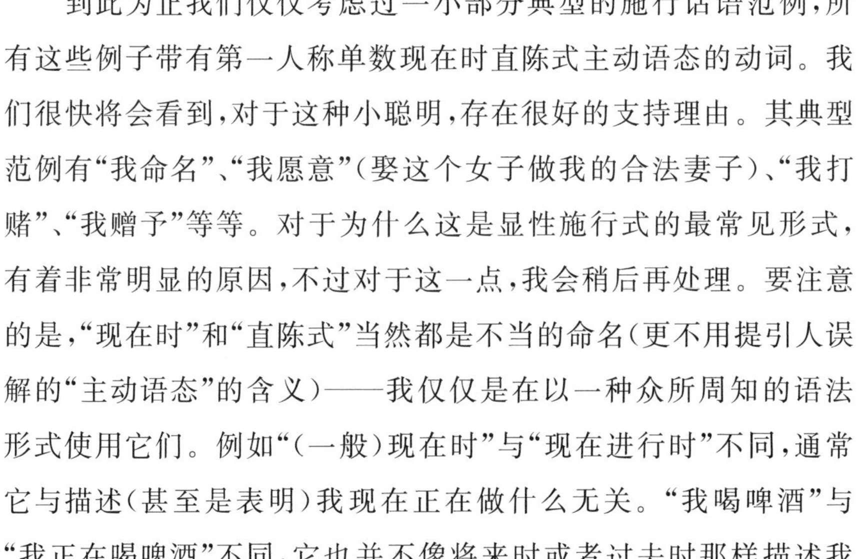

到此为止我们仅仅考虑过一小部分典型的施行话语范例,所 56
有这些例子带有第一人称单数现在时直陈式主动语态的动词。我们很快将会看到,对于这种小聪明,存在很好的支持理由。其典型范例有"我命名"、"我愿意"(娶这个女子做我的合法妻子)、"我打赌"、"我赠予"等等。对于为什么这是显性施行式的最常见形式,有着非常明显的原因,不过对于这一点,我会稍后再处理。要注意的是,"现在时"和"直陈式"当然都是不当的命名(更不用提引人误解的"主动语态"的含义)——我仅仅是在以一种众所周知的语法形式使用它们。例如"(一般)现在时"与"现在进行时"不同,通常它与描述(甚至是表明)我现在正在做什么无关。"我喝啤酒"与"我正在喝啤酒"不同,它也并不像将来时或者过去时那样描述我

未来将会做什么或者过去做过什么。当它完完全全是"直陈式"时，现在时实际上更常用在对**习惯**进行直接陈述。而当它不是用于陈述习惯而是像在施行式中那样真的是以一种"现在时"方式使用时，如果你喜欢这样用，就像"我命名"，那么它必定不是语法学家所想要的那种意义上的直陈式，即对实际事态或发生的事件的报道、描述或报告：因为正如我们所看到的那样，它根本不进行描述或报告，而是被用于做某事。所以，我们使用"现在时直陈式"仅仅是意指"我命名"、"我跑步"等语法形式。（这个术语上的错误是
57 由于把"我跑步"等同于拉丁语里的"curro"，这个词实际上通常应该被翻译为"我正在跑步"；拉丁语不具有我们英语所具有的两种时态）。

那么，使用第一人称单数以及使用所谓现在时直陈式主动语态，是一个施行话语的本质要求吗？我们没必要浪费时间在对第一人称复数这个明显的例外，如"**我们**承诺……"、"我们赞成"等等。到处都有比这更重要更明显的例外（其中的某些例外已经在前面被提及）。

有人可能会想到，一种非常常见、重要、明确的施行式带有**第二或第三人称**（单数或复数）动词，并且这些动词还是被动语态：因此人称和语态无论如何都不是本质要求。这种类型的施行式的例子有：

（1）特此要求你支付……（You are hereby authorized to pay...）

（2）警告乘客只能经由该桥跨过铁轨。（Passengers are warned to cross the track by the bridge only.）

在这种被动语态情形中，动词事实上甚至可能是无人称的，

例如：

（3）特此通知：闲人免入，违者必究。（Notice is hereby given that trespassers will be prosecuted.）

我们通常会在正式场合或法律场合发现这种类型的施行话语。至少就书面形式而言，这种类型的施行话语的特征是，句子中经常被插入并且或许总是能够被插入单词“特此”（hereby）；这个单词用来表明这些（书面形式的）话语是用以实施警告、授权等行为的手段。“特此”是一个有用的标准，来表明该话语为施行话语。
如果不把“特此”加入“警告乘客……”中，这句话可能仅仅是用来 58
描述通常会发生的事情。比如，“当靠近隧道时，乘客们会被警告要低下头，等等”这个句子就是描述习惯性事件的。

然而，如果我们脱离这些高度形式化的显性施行话语，那么我们就不得不承认把语气（mood）和时态（tense）（与人称和语态不同，语气和时态到目前为止一直作为标准被保留）作为绝对的标准也会失败。

（不管在拉丁语中是否如此，至少在英语中）语气不会成功，因为我可以不通过说“我命令你向右转”，而简单地说“向右转”，来命令你向右转；我可能通过简单地说“你可以去”来许可你去；并且，我可能会用说“假如我是你我会向右转”来取代“我劝告（或提议）你向右转”。时态也不会成功，因为在处罚（或裁定）你越位时，我可能简单地说“你越位了”，而不是说“我处罚（或裁定）你越位”；与之相似，我可能只是说“你做了那件事”而不是说“我发现你有罪”。更不用说那些仅仅存在一个简化版的语句的情形，比如，我通过说

“成”来接受一次打赌。而且，甚至还有完全不存在明确的动词的情形，比如，我在宣判一个人有罪时只简单地说“有罪”，或者在裁定某个运动员出局时只简单地说“出局”。

特别是通过一些特别的具有施行式外表的语词，例如“越位”、“有责任”等，我们甚至似乎可以驳倒我们前面所给出的支配主动语态或被动语态之使用的规则。我可以用“你越位了”取代“我宣判你越位”；我也可以用“（特此提出）我有责任”取代“我承担……”。因此，我们可能认为某些词可以作为判定施行话语的检
59 验标准，也就是说，我们可以用词汇而不是语法来辨别施行话语。这样的单词可能是“越位”、“授权”、“许诺”、“危险”等。但是这个标准也不管用，因为：

Ⅰ. 我们可能得到不包含这些施行标志词的施行话语，如：

（1）我们可能用“角落”来代替“危险的角落”，而且可能写“牛”来代替“危险的牛”。

（2）我们可能用“你应该”(you will)来代替“你被命令去做”(you are ordered to)，也可能用“我将会”(I shall)来代替“我承诺做……”(I promise to...)。

Ⅱ. 我们可能在非施行话语中发现施行标志词，如：

（1）在板球比赛中某位观众可能会说“比赛（真的）结束了”。与之相似，我可以说“你曾犯罪”或者“你曾越位”，甚至在我无权宣判你有罪或越位时说“你有罪（或越位）”。

（2）在像“你答应过”、“你曾授权”等惯用语中，我们并未以一

种施行形式使用这些施行标志词。

因此，任何**单独而又简单**的语法标准或词汇标准都会使我们陷入死胡同。但是，或许有可能制定一个复杂的标准，或至少是既包含语法标准又包含词汇标准的一组简单的或复杂的标准。例如，一种标准或许是，任何带有祈使语气动词的话语都是施行话语（然而，这会导致大量麻烦，例如，一个动词什么时候处于祈使语气 60
中以及什么时候不处于祈使语气中，对此我不打算继续探究）。

我倒是宁愿花费一点时间回头考虑一下我们最初对所谓“现在时直陈式主动语态”动词的偏爱是否存在可靠的理由。

我说过，施行话语观念是，它是去实施一个行为，或是作为实施行为的一部分被包含在其中。行为只能由人来实施，并且显而易见的是，在我们所说的这些情形中发语者必定是实施者。发语者本人必须进入话语中，必须被提到或被指称，因此，我们对“第一人称”的偏爱是有正当理由的，只是这种偏爱被我们错误地投入纯粹的语法模式。此外，如果发语中的人正在行动，那么这个人肯定是在做某事，这种情形可能被我们不适当地表达为我们对语法上的现在时和动词主动语态的偏爱。这就是**发语的人在发语的那一刻所做的事情**。

如果在话语的语词公式中，没有通过代词“我”（或通过他的个人名字）提到发语人，从而也就没有提到行为者，那么，事实上“他”会以如下两种方式之一被“提及”：

（a）在口语中，**通过他是发语的那个人**——我们可以称之为语源——来表明，这是所有的口语交流体系普遍使用的方式。

(b) 在书面语(或"碑文")中,通过**他附加的本人的签名**来表明(必须这样做,显然是因为书面语并不是像口语那样将话语同它
61 们的语源绑定)。

正在实施行为的"我"的确因此实质上进入画面。起初的第一人称单数现在时直陈式主动语态形式的优点——或与之相似的第二或第三人称或附有签名的无人称被动式形式的优点——是使言谈情境原本暗含的特征变得明显。此外,从词汇角度看,看上去似乎是特别的施行动词的特别功能在于,使正在通过说出话语来实施的行为变得明显(这与陈述或描述不同)。似乎具有(并且确实**具有**)特别的施行功能的其它语词,诸如"有罪"、"越位"等,也可以这样使用,因为它们与诸如"承诺"、"宣判"等特别的显性施行式动词在词"源"上相连。

"特此"这一用语是一个有用的替代说法。但对于日常的目的而言它过于正式,此外,我们可以说"我特此声明……"或"我特此质疑……",然而我们希望找到的是一个区分记述话语和施行话语的标准。(在此我必须再次解释我们深陷泥沼的处境。感受到偏见的坚实基础正在松动是令人兴奋的,但这也引起它的报复。)

因此,我们应该尝试着说,任何事实上的施行话语都应该可化
62 约为、或扩展为、或分解为、或重构为一种形式的话语,这种形式话语带有第一人称单数现在时直陈式主动语态(语法上的)动词。这实际上就是我们前面所使用的那种检验标准。

"出局"(out)相当于"我宣布(declare)、裁决(pronounce)、判定(give)或是判决(call)你出局"(当它是一个施行式时确实如此,但它未必是一个施行式,例如,在你不是被裁判而是被另外的某个

人叫出去，或被记分员记为“出局”时，“出局”就不是一个施行式）。

“有罪”相当于“我判决（find）、宣判（pronounce）、认为（deem）你有罪”。

“警告你那头牛危险”相当于“我，约翰·琼斯，警告你那头牛是危险的”或者

这头牛是危险的。
（签名）约翰·琼斯

这种扩展不仅明确表明该话语是施行话语，而且明确表明被实施的究竟是什么行为。除非该施行话语被化约为这样一种显式形式，否则我们通常可能把它看作是非施行话语：例如，“它是你的”也可能会被看作等同于“我把它给你”或等同于“它（已经）属于你”等。事实上，在道路上设立“警告你”的标志，同时存在着施行话语和非施行话语两种使用方式。

然而，尽管沿着这些线索（存在一些障碍[①]）我们可能得到进展，但是我们也必须要注意到，这个所谓的第一人称单数现在时直 63
陈式主动语态是一种**罕见而又特别的使用**。特别是，我们必须注意到，在**同一个动词**的第一人称单数现在时直陈式主动语态与其它人称时态之间，存在着一种成体系的**不对称**。事实上**这种**不对称恰恰是施行式动词的标志（并且也是检验施行式的最切近的语法标准）。

---

① 例如，哪些动词能被我们这样使用呢？如果施行话语被扩展的话，那么，姑且承认所有其它形式话语都必须可以化约（上帝啊！）为这种普通形式的施行话语，但如何检验第一人称单数现在时直陈式主动语态的话语在这个场合是施行话语呢？

举个例子："我打赌"的使用和"打赌"这个动词的另一个时态或另一个人称的使用相对照。"我曾打赌"和"他打赌"都不是施行话语，而是分别描述我的行为和他的行为——而我的行为和他的行为都各自表现为说出"我打赌"这个施行话语。如果我说出"我打赌……"这句话，那么此时我并不是在陈述我说出"我打赌"或其它什么话，而是在实施打赌行为；与之类似，如果他说他打赌，即他说出"我打赌"，那么他就在**打赌**。但是，如果我说出"他打赌"，那么我只是在陈述他说出(或已经说出)"我打赌"这句话。我并没有实施他打赌的行为，该行为只有他本人才能实施。我描述他的打赌行为的实施，但是我自己并没有去打赌，而且他也必须亲自去完成自己的打赌。与此相似，当一个孩子被要求做某事时，他的焦急的父母可能会说："他保证做到，难道不是吗，威利?"但是如果小威利真的要做出保证，那么他仍然必须自己说出"我保证"。而这种形式的不对称在那些不作为显性施行式动词那里根本就不会产生。例如，在"我跑步"和"他跑步"之间就不存在这样的不对称。

64 仍然值得怀疑的是，这是否真的是一种"语法上的"标准(这种标准到底是什么?)，而且这至少不是十分准确的，因为：

(1) 第一人称单数现在时直陈式主动语态可能会被用来描述我的习惯性行为："我(每天早上)都会押六便士同他打赌天会下雨"或者"我只是在我打算信守诺言时才承诺"。

(2) 第一人称单数现在时直陈式主动语态可能会以一种类似于"历史的"现在时的方式被使用。它可以被用于描述我自己在其它时间或其它地点的行为："在第 49 页我对判决提出抗议"。从施行式动词不会被用于现在进行时态(第一人称单数主动语态)，我们可以支持这一点。我们不会说:“我正在承诺”,或是“我正在抗议”。但即使是这条理由也不是完全真的,因为在婚礼上当我不是必须要说像“我愿意”这样的话的时候,我可能会说“现在不要烦我;待会儿见;我正在结婚(举行婚礼)”;在这里,施行话语的发出不是整个的行为,整个行为是延伸的,并且包含多种多样的因素。或者,当我通过别的方式而不是通过说“我抗议”来实施抗议行为时,比如把我自己捆绑在栏杆上,我可以说“我正在提出抗议”。或者,当我正写“我命令”时,我甚至可以说“我正在下命令”。

(3) 有些动词可同时以两种方式在第一人称单数现在时直陈式主动语态的语句中使用。一个例子是“我把……叫做”,当我说“我把通货膨胀叫做巨额的钞票只能购买极少的货物”时,它既包含施行话语,又包含对自然随之而来的行为的描述。 65

(4) 我们将会陷入一种明显的危险境地,即把许多我们原本不愿意归类为施行话语的表达式看作是施行话语;例如“我陈述”(这样说是为了陈述)以及“我敢断定”。这两个例子中都存在第一人称和其它用法之间同样的不对称。

(5) 我们也拥有使行为与语词相适配的情形:正如当我要打将[①]时,我可以说“我向你摊牌”或者“我**摆正一下棋子**”;或者在说“我引述”后,实施实际的引述行为。如果我通过说“我定义 x 如下:x 是 y”来下定义,那么这是一种使行为(这里是给出一个定义的行为)与语词相适配的情形。当我们使用“我将 x 定义为 y”这

① 国际象棋中,一方的某个棋子下一步要吃掉对方的王,叫做“将军”,也可以叫“打将”或“将”。——译者注

个公式时，我们把行为与语词的适配转换为一个施行话语。我们可以补充说，同样存在一种从我们可称之为标识的语词使用到施行话语的转换。存在从作为一部小说之结尾的单词“完”(END)到作为信号信息之结尾的表达式“信息结束”的转换，以及到辩护律师在法庭上说“以此结束我的辩护陈词”的转换。我们可能会说，这些都是通过语词来**标示**行为的情形。在这类情形中，语词的使用终究意味着“终结”行为(这是一件难以实施的行为，是行为的结束，当然，也是难以用其它方式使其明确的行为)。

(6) 我们真的总是必须要有一个施行式动词来表明我们毫无
66 疑问正在通过说些什么来做的事情吗？例如，我可能通过说些什么来侮辱你，但我们并没有“我侮辱你”这一表达式。

(7) 我们真的总是能够把一个施行式插入普通话语形式而没有任何损失吗？“我将会……”(I shall...)可以用不同的方式加以解释；也许我们可以利用这一点。或者，当我们说“我抱歉”(I am sorry)时，难道这句话的意思真的与显性施行话语“我道歉”(I apologize)的意思完全一样吗？

我将不得不重提显性施行话语这个概念，并且我们必须至少以一种**历史视角**讨论一下这些或许并不是非常严重的困扰是如何产生的。

第六讲　显性施行式

由于我们提出施行话语并非全然明显不同于记述话语——前 67
者有适当和不适当之分，后者有真假之分——我们一直在考虑如何更清楚地定义施行话语。第一种建议是一个或多个语法标准或词汇标准，或者语法和词汇都包含在内的标准。我们已指出，肯定不存在这样一种绝对的标准。或许，我们甚至不可能列出所有可能的标准的一览表；而且，它们肯定不能把施行话语与记述话语区分开，因为一个非常普遍的现象是，**相同的**语句在不同的发语场合下可以施行话语和记述话语这**两种**方式使用。如果我们让话语**如其所是**而又要寻找一种标准，那么事情从一开始就似乎是没有希望的。

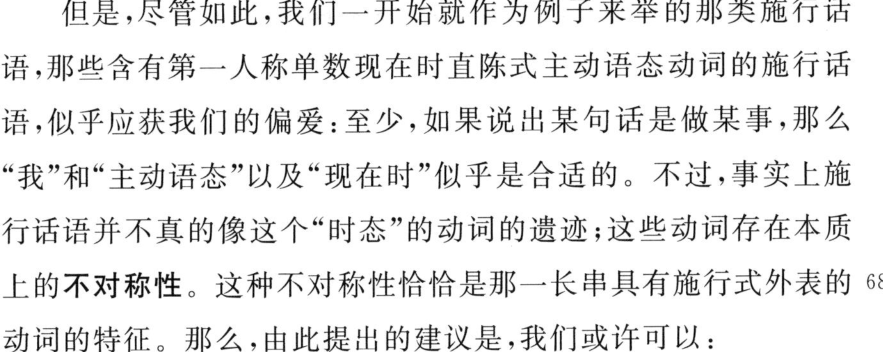

但是，尽管如此，我们一开始就作为例子来举的那类施行话语，那些含有第一人称单数现在时直陈式主动语态动词的施行话语，似乎应获我们的偏爱：至少，如果说出某句话是做某事，那么“我”和“主动语态”以及“现在时”似乎是合适的。不过，事实上施行话语并不真的像这个“时态”的动词的遗迹；这些动词存在本质
上的**不对称性**。这种不对称性恰恰是那一长串具有施行式外表的 68
动词的特征。那么，由此提出的建议是，我们或许可以：

(1) 列出所有具备这种特质的动词；

(2) 假定所有那些事实上不以人们所偏爱的形式——以“I x that”、“I x to”或“I x”为开头——表达的施行话语都可以被“化约”为该形式，从而使它们成为我们所谓显性施行话语。

我们现在不禁要问：这种归约有那么容易吗？（我们甚至会问，这种归约在多大程度上是可能的？）甚至对于这些动词而言，我们也很容易便能想到第一人称直陈式主动语态的那些足够普通却又不同的使用，它们完全可能是记述性的或描述性的，即完全可能是习惯性的现在时、“历史性的”（或准历史性的）现在时和现在进行时。那么，正如我在结论中匆匆提及的，仍然会有另外的困难：我们提到三个典型的困难。

(1) “我（将……）分类”（I class），或许还有“我坚信”（I hold），看上去似乎是以其中的一种方式使用，但又像是以另一种方式使用。到底是哪一种？还是两者皆是？

(2) “我陈述……”（I state that）似乎符合我们的语法或准语法要求。但是我们想将其纳入施行话语吗？正如此例，我们的标准似乎有将非施行话语纳入施行话语的危险。

(3) 有时，说些什么似乎是典型的做些什么——例如侮辱（insulting）某人，就像谴责（reprimanding）某人一样：然而并不存在“我侮辱你”这一施行话语。我们的标准并不容纳某个话语的发
69 出就是做某件事的一切情形，因为“化约”为一个显性施行话语似乎并不总是可行的。

我们已经相当不正规地引入“显性施行话语”这一表达式，现

在该停下来更加仔细地加以考察。我将把它与初级施行话语(primary performative)相对照，而不是与非显性(inexplicit)或隐性(implicit)施行话语对对照。我们所举的例子如下：

(1) 初级施行话语："我会到那里"(I shall be there)，

(2) 显性施行话语："我保证我会到那里"(I promise I shall be there)，并且我们说过，后一个公式使我们弄清在发出譬如说"我会到那里"这一话语时所完成的行为。如果某人说"我会到那里"，我们可能会问："这是一个保证吗？"我们可能得到的答复是"是"，或"是的，我保证到那里"，然而，答复也有可能只是："不，但我确实打算到那里去"(表达或宣布一个意图)，或者"不，但鉴于我的嗜好，我料想我(可能)会到那里去"。

现在我们必须插入两条告诫：首先，"弄清"我正在做的事情，不同于描述或陈述(至少就哲学家们所偏好的这两个词的意义而言)这个事情。如果"弄清"表达出这样的信息，那么它**在某种程度上**是一个坏的术语。某些非语言行为也是履行约定俗成的行为(亦即仪式性行为或礼仪性行为)，就此而言它们类似于施行话语。弄清这样的非语言行为，与弄清初级施行话语在情形上非常相似。假如我在你面前深深地弯下腰，那么，我到底是在向你致敬，或者是在弯腰观察花朵，还是通过弯腰来缓解我的消化不良？情况可 70
能并不清楚。那么，通常说来，为了表明该行为(譬如说致敬)是一个约定俗成的仪式性行为，以及它到底是**哪一种**约定俗成的仪式性行为，它通常会包括某些另外的特殊特征，例如举起我的帽子，轻轻扣头，并把我的另一只手移到我的心脏位置，或者甚至是很可

能发出某种声音或词汇，例如“萨拉姆”(Salaam)[①]。那么，与摘下我的帽子相比，发出“萨拉姆”这个词汇同样不是描述我的行为，即不是陈述我正在实施一个弯腰致敬行为。由于同样原因(虽然我们将会回过头来探讨这一点)，说“我向你致敬”，同说“萨拉姆”一样，也不是描述我的行为。做或说这些事情的目的在于表明该行为应如何被接受或理解，也就是表明该行为是什么行为。对于“我保证”这样的表达式而言，情况也是如此。它不是一个描述性的表达式，因为(1)它不能为真，因此也不能为假；(2)说“我保证”(当然，在该施行话语适当的情形下)**会使**该话语成为一个保证，而且**是**一个清清楚楚的保证。现在我们可以说，像“我保证”这样的一个施行话语公式，使所说的话该如何理解变得清晰，我们甚至可以设想，该公式“声明”一个许诺已经被做出；但是我们不能说这样的话语为真或为假，也不能说它们是描述或报道。

其次，一条次要的警告是：请注意，尽管存在这种类型话语——譬如说“保证”、“判决”、“宣布”(也许还有像“估计”)这样的动词之后跟上一个以“that”引导的从句——但我们不应该把这种话语看作是“间接引语”。在间接引语中，以“that”引导的从句显
71 然是用来报道别人或我自己在其它时间或其它地点说过的话：举个典型的例子，“他说……”(he said that)；但也可以是“他保证……”(he promised that)(或者这是一种“that”从句的双重使用方式吗？)，或者“在第456页我声明……”(on page 456 I declared

① 穆斯林见面时用的欢迎词，意为“敬祝和平”。——译者注

that)。如果该概念[1]清清楚楚，那么我们看到间接引语中的“that”从句与显性施行话语中的“that”从句并不十分相似：在显性施行话语中，我并不是在以第一人称单数直陈式主动语态报道我自己的话语行为。顺便说来，当然，一个显性施行话语动词绝不是必须有个“that”从句紧随其后：在一些重要的情形中，紧随该动词之后的是动词不定式或什么都不跟，例如，“我为……而道歉”(I apologize for)、“我向你致敬”(I salute you)。

一个来自对语言结构的详细阐述也是来自显性施行话语之本质的有吸引力的猜测是：从历史上看，也就是从语言进化的观点看，显性施行话语肯定是在某些更为初级的话语之后发展出来的，很多这样的初级话语至少在某种程度上已经是隐性施行话语，作为整个施行话语的一部分包含在大多数或许多显性施行话语中。例如，“我将会……”(I will...)早于“我承诺我将会……”(I promise that I will...)。一个似乎可信的观点(我并不确切地知道这个观点是如何建立起来的)是，在原始语言中，对于一个话语究竟是做各种可能的事情中的哪一件事情还不清楚，还不可能加以区分(后来的语言才加以区分)。例如，在讲单个词的原始语言中，[2]“牛”或者“打雷”可能是一个警告、一条信息、一个预言等等。72
另外一个似乎可信的观点是：清晰地区分上述话语可能拥有的不同的力量(forces)的是后来语言学上的一个成就，并且是一个值得重视的成就；从这个角度看，原始的或最初的话语形式将会保持

---

① 我的解释是非常含糊的，就像所有语法书上对“that”从句的解释那样：比较一下它们对“what”从句甚至是更糟糕的解释吧。

② 事实上原始语言可能的确如此，参见雅斯庇尔森(Jesperson)的理论。

原始语言的“歧义”、“含糊”或“模糊”；它们不会使话语的确切的力量变得清楚。这种原初形式可能有它的用武之地：但是社会形式和社会程序的复杂化和发展需要澄清。但要注意的是，这种澄清如同发现或描述一样，是一种创造性的活动！它既是一种使已经存在的区分变得清晰的活动，也是一种做出清晰区分的活动。

当然，最为危险而我们又最容易犯的一个错误是，我们认为我们在一定程度上**知道**语句的原始的或最初的使用必定是陈述性的或记述性的，因为它本应该就是陈述性的或记述性的。这里所谓“陈述”或“记述”的含义就是哲学家们所偏爱的简单地说点什么，其唯一要求是为真或为假，而不易遭受其它维度的批评。我们确实不知道这是真的，同样我们也不知道，譬如说所有话语必定首先呈现为祈使句（正如某些人所主张的那样）或誓言。似乎更为可能

73 的是，“纯粹的”陈述是一个目标、一个理想，而科学的逐步发展给趋近这个目标或理想以动力，正如它也朝着精确化目标前进一样。语言本身是不精确的，在其初始阶段尤其如此，并且在我们看来，它也是不明确的：语言的精确性使所说的东西（它的**含义**）更清楚：而明确性使话语的**力量**更清楚，或者说（在一定意义上，见下文）使“它如何被理解”变得更清楚。

此外，显性施行话语公式仅仅是或多或少成功地被用于履行同样功能的许多言语方法中的最新且“最为成功”的一种手段（正如计量或标准化是为提高话语行为的**精确性**而发明的最为成功的方法那样）。

考虑一下其它的更为原始的言语手段中的**某些手段**，这些手段的功能可以被显性施行话语的手段取代（当然，正如我们将会看

到的，这种取代并非毫无改变或毫无损失）。

1. 语气

我们已经提到使用祈使语气这种相当普遍的手段。这个手段使话语成为一项“命令”（或者一项告诫或许可或承认或其它种种！）。因此，在很多情景中，我可能会说“关上它”（shut it）：

“关上它，快点”（shut it，do）类似于“我命令你关上它”（I order you to shut it）。

“如果是我的话，我会关上它”（Shut it—I should）类似于“我建议你关上它”（I advise you to shut it）。

“关上它，如果你愿意的话”（shut it，if you like）类似于“我允许你关上它”（I permit you to shut it）。

“那么，很好，关上它吧”（Very well then，shut it）类似于“我同意你关上它”（I consent your shutting it）。

“如果你敢关上它，那就试试看吧”（Shut it if you dare）类似于“我量你没胆量关上它”（I dare you to shut it）。

另外我们可能使用助动词： 74

“你可以关上它”（You may shut it）类似于“我允许、我同意你关上它”（I give permission，I consent，to your shutting it）。

“你必须关上它”（You must shut it）类似于“我命令你、我劝你关上它”（I order you，I advise you to shut it）。

“你应该关上它”（You ought to shut it）类似于“我劝你关上它”（I advise you to shut it）。

2. 语调、声调、重音

（与此相似的是，使用舞台指导这种复杂的手段，例如，“威胁性地”，等等。）这个手段的事例为：

这会被起诉！（一个警告）；
这会被起诉？（一个疑问）；
这会被起诉！？（一个抗议）。

口语的这些特征是不容易在书面语中复现的。例如，我们已试图通过使用一个感叹号加一个疑问号来传递语调、声调以及对抗议性的强调（但这非常贫乏）。标点、斜体，以及词序可能会有帮助，但是它们也相当粗糙。

3. 副词及副词短语

但在书面语中，我们依赖副词、副词短语或措辞。尽管这些手段在口语中的必要性不那么大，但在一定程度上我们也使用它们。
75 因而我们可以通过附加“可能地”，或者在相反的意义上通过附加“万无一失”(without fail)，来限定“我将会”(I shall)的力量；我们也可以通过写下“你绝不应忘记……”，来对其（对一个纪念品或其它什么东西）进行强调。关于它们与声明(evincing)、宣布(intimating)、暗讽(insinuation)、影射(innuendo)、暗示(giving to understand)、推断(enabling to infer)、传达(conveying)、“表达”（一个可憎的词）等现象之间的联系，我们可以讨论的有很多很多。尽管所有这些现象都涉及通常是相同的或相似语词手段及通词的使用，但它们实质上是不同的。在讲座的后半部分，我们将会转向讨论这里需要提到的重要而又困难的区分。

4. 连接性虚词

也许，在更为复杂的层面上，需要讨论连接性虚词这类特殊语言手段的使用；于是，我们可以使用有着“我坚持”(I insist that)力量的虚词“仍然”(still)；我们可以使用有着“我断定”(I conclude that)力量的“因此”(therefore)；我们使用有着“我承认”(I concede that)力量的“虽然”(although)。也要注意一下对“然而”(whereas)以及“特此”(hereby)和“此外”(moreover)的使用。[①] 与该用法极为相似的是使用像宣言(Manifesto)、法案(Act)、公告(Proclamation)等标题或“一本……小说”(A Novel...)这样的副标题。

此外，即使不考虑我们讲话的内容以及讲话的方式，也存在着 76
使话语的力量在某种程度上得到澄清的其它重要手段：

5. 话语的伴随物

我们可以藉由姿态语言(眨眼、指指点点、耸肩、皱眉等)或约定俗成的非言语行为来补充文字话语。这些姿态语言或行为有时会不伴随任何话语而单独使用，而其重要性是显而易见的。

6. 话语的环境

话语的环境是一种非常重要的辅助手段。基于此，我们可以

① 但这些例子中某些会引出“我承认”以及“我断定”是否为施行话语的老问题。

说“话要是**他**说的，我就会把它作为一项命令，而不是一个请求”；与之相似，语句“我某天会死去”，“我将会把我的表留给你”的语境，特别是说话者的健康状况怎样，会对我们如何理解这些话产生重要影响。

但是，在一定程度上，这些资源又过于丰富：它们将自己引向含糊和不适当的区别；此外，我们也会出于其它目的来使用它们，比如暗讽。而与之相对，显性施行话语消除含糊，并且使话语所实施的行为相对得到固定。

关于所有这些手段的麻烦主要是其意义的模糊和稳妥接受的不确定性，但是，对处理某些诸如我们使用话语实施的行为领域所处环境的复杂性等问题而言，在这些手段中也可能存在某些积极的不适当性。一个“祈使句”可能是一个命令、一种许可、一条要
77 求、一个请求、一次恳求、一条建议、一项推荐、一条警告，譬如说“走开，你会明白的”；或者可能是表达一个条件或一个让步或一个限定，譬如说“让它……”(Let it...)，等等。当我们说“拿着”(Take it)时，把某物递交某人可能就是把它赠给他，或借给他，或租给他，或委托给他。说“我将会”(I shall)，可能是做出承诺，也可能是表达一种意愿，或是预测我的未来。诸如此类。毋庸置疑，上述这些手段(很可能还有其它手段)全部或部分的组合通常(如果不是总是的话)就可以满足需要。因此当我们说“我将会”(I shall)时，借助附加上副词“无疑地”或“有可能地”，我们可以清楚地表达我们是在来做预测，或者借助增添副词“当然”或“肯定地”，我们是在表达一个意愿，或者通过添加副词短语“万无一失”，或者通过说“我将竭尽全力”，我们是在做出承诺。

应该注意的是，当施行式动词存在的时候，我们不仅可以在“that…”或“to…”公式中使用它们，也可以在舞台指导（“欢迎”）、标题（“警告！”）以及插入语（这几乎和正式形式一样是检验施行话语的可靠方法）中使用；而且我们肯定没有忘记像“出局”等特殊词汇的使用，它们也不是正式形式。

当然，显性施行话语的存在，甚至是它的使用，也并没有清除我们的所有麻烦。

（1）在哲学中，我们甚至可以提出这个问题：施行话语容易被误当作是描述话语或记述话语。

（1a）当然，不仅是施行话语不保留原始话语通常具有的同源
的含糊性；而且我们必须也要顺便考虑一下对一个表达式是否为 78
显性施行话语存疑的情形以及与施行话语极为相似却又不是施行话语的情形。

（2）似乎存在某些极为明显的情形，即完全相同的话语公式有时似乎是显性施行话语而有时又似乎是描述话语，而且这种举棋不定甚至可能会被利用：例如，“我赞成”（I approve）以及“我同意”（I agree）。“我赞成”可能具有给予批准的施行式力量，或者它也可能具有一种描述意义，即“我倾向于此”（I favour this）。

我们将考虑会产生这个问题的两类典型情况。它们展现出显性施行话语公式发展的某些偶然现象。

在人类生活中存在大量这样的情形：感受到某种特定“情绪”（保佑这个词！）或“愿望”，或者接受某种态度，按惯例被看作是对某种事态（包括某个人实施某种行为）的适当反应或回应，这种反应是自然而然的（或者我们愿意认为自然而然的！）。在这类情形中，我们可能并且通常确实感受到上述情绪或愿望；而且由于我们

的情绪或愿望并不容易被他人察觉，因此通常我们都希望能告知他人我们拥有这些情绪或愿望。可以理解的是，尽管在不同情形中有着略微不同的、而且是不易估计的理由，但是如果我们确实拥
79 有这些感受，那么“表达”这些感受就是**合乎礼节的**，甚至不管我们是否真的感受到我们所报道的东西，当我们感到这些感受合乎时宜时，进一步表达它们也是合乎礼节的。如此使用的表达的范例有：

我感谢(I thank)	我感激(I am grateful)	我深表感激(I feel grateful)
我道歉(I apologize)	我抱歉(I am sorry)	我后悔(I repent)
我批评(I criticize) 我责备(I censure)	我谴责 (I blame)	我震惊于(I am shocked by) 我反感于(I am revolted by)
我赞成(I approve)	我赞成于(I approve of)	我感到满意(I feel approval)
我向你表示欢迎 (I bid you welcome)	我欢迎 (I welcome)	
我恭喜 (I congratulate)	我对……感到高兴 (I am glad about)	

在这个一览表中，第一列为施行话语；第二列为不纯的半描述话语，而第三列只是报道。那么，这里就有大量的表达式，它们中许多都非常重要，这类表达式或受困于或受益于某种有意的模棱两可，而这种模棱两可与我们一直以来对纯施行式短语的介绍相冲突。我们能够提出用于判定“我赞成”或“我抱歉”到底是以这种还是以那种方式使用(或者甚至总是以这种或那种方式使用)的检验标准吗?

一种检验方式或许是:说“他真的这样做吗”是否有意义。例如,当某人说“我欢迎你”或“我向你表示欢迎”时,我们或许会说:“我纳闷,他是否**真的**欢迎他?”但是我们可能不会以同样的方式说:“我纳闷,他是否真的向他表示了欢迎?”另一种检验方式或许是,是否某个人能够真的完全不借助说出任何话语来做某事,例如在区分抱歉(being sorry)与道歉(apologizing)时,在区分感激 80
(being grateful)与感谢(thanking)时,以及在区分谴责(blaming)与责备(censuring)时。[①] 而第三种检验方式或许是:至少在某些情形中,我们可以追问是否可以在假定的施行式动词之前插入诸如“有意”(deliberately)这样的副词或诸如“我愿意”(I am willing to)这样的表达式:这(可能)因为如果该话语是某项行为的实施,那么它肯定是某种(在必要时)我们应该能够有意去做或愿意去做的事情。因此我们可能说:“我有意向他表示欢迎”(I deliberately bade him welcome),或“我有意赞成他的行为”(I deliberately approved his action),或“我有意道歉”(I deliberately apologized),而我们也可能会说“我愿意道歉”(I am willing to apologize)。但是我们不能说“我有意对他的行为表示赞成”(I deliberately approved of his action)或者“我愿意抱歉”(I am willing to be sorry),后者不同于“我愿意表达抱歉”(I am willing to say I am sorry)。

第四种检验方式或许是:追问某个人所说的话是否可能确实是假的,正如有时我说“我抱歉”(I am sorry)时那样;或者仅仅可能涉及不真诚(不适当),正如有时我说“我道歉”(I apologize)那

① 对于缄默的同意的可能性,存在典型的怀疑;在这里非语言的行为以施行话语的替代形式出现:这种情况导致对第二种验证标准的怀疑!

样。这些短语使不真诚与虚假之间的区别变得模糊。[①]

但是，我们在这里还要顺便进行一种区分，对于这种区分的确切性质，我还不敢肯定：我们像上文那样把“我道歉”(I apologize)与“我抱歉”(I am sorry)联系起来；但也存在大量的约定俗成的情感表达式，这些表达式在某些方面类似于“我道歉”和“我抱歉”，但
81 它们确实与施行话语毫无瓜葛，例如：

“我很高兴地请下一位发言者讲话”(I have pleasure in calling upon the next speaker)。

“我抱歉不得不说……”(I am sorry to have to say...)。

“我很高兴地宣布……”(I am granted to be in a position to announce...)。[②]

我们可以称这些表达式为礼貌用语，就像“我很荣幸地……”(I have the honour to...)。以这种方式来表述完全是约定俗成的：但在这种情况中，说你很高兴地做某件事情，并不意味着你在做这件事情时真的感到高兴。多么不幸！甚至在这些与情感和态度相关的情形中，作为我称之为“表态式”(BEHABITIVES)的施行话语，也不**仅仅**是对情感或态度的约定俗成的表达。

使行为与语词相配的情形也很值得注意——这是一种可能产生施行话语但本身不属于施行话语的特殊情形。一个典型的例子是：“我这样猛地关上门”。但是这类情形导致“我向你致敬”(他致

---

① 在其它情形中也有类似的现象：例如，对于我们可称之为表明式的施行话语，会产生一种特别的混乱。

② ［手稿的边注：“这里需要进一步的分类：仅顺便标记”。］

敬);在这里,话语"我向你致敬"或许成为致敬的一种替代方式,因此也就是一句纯正的施行话语。这里说"我向你致敬"就是向你致敬。比较一下"我向留在记忆中的人致敬"这个表达式。

但是在使行为与话语相配和纯正的施行话语之间存在许多过渡阶段:

在玩喊"对儿"纸牌游戏时,叫出"对儿"就是对上对,如果不叫出"对儿"的话,那就不算对上对。

在下象棋时,叫出"将一军",就是将一军。但是如果不说出 82
"将一军",难道也不是将一军吗?

说出"摆棋"是使行为与话语相配?还是与移动棋子相对的摆正棋子行为的一部分呢?

或许这些区别并不重要。但在施行话语中有着类似的过渡,例如:

> "我援引":他援引。
>
> "我定义":他定义(例如 x 是 y)。
>
> "我定义 x 为 y"。

在这些事例中,话语像一条标题那样发挥作用:这是一种施行话语吗?在与话语相配的行为本身是一种话语行为时,它的确起施行话语的作用。

第七讲　显性施行式动词

83 在上一讲中，我们把显性施行话语与初级施行话语对照起来加以考察，断言后者是伴随着语言和社会的发展从前者自然演化而成的。然而，我们也讲到，这并不能消除我们在寻找显性施行式动词一览表时所遇到的所有问题。我们给出一些范例，这些范例附带地阐明显性施行话语是如何从初级施行话语发展而来的。

我们所举的例子属于所谓**表态式话语**（behabitives）范畴，这类施行话语大致涉及对行为的反应和对他人所实施的行为，并且是被设计用来展示态度和感受的。

请对比：

显性施行话语	**不纯施行话语（半描述话语）**	**描述话语**
我道歉（I apologize）	我抱歉（I am sorry）	我后悔（I repent）
我批评（I criticize） 我责备（I censure）	我谴责（I blame）	我震惊于（I am shocked by） 我反感于（I am revolted by）
我赞成（I approve）	我赞成于（I approve of）	我感到满意（I feel approval）
我向你表示欢迎 （I bid you welcome）	我欢迎你 （I welcome you）	

我们提出了纯显性施行话语的检验标准：

（1）“但他**真的**做了吗？”这种问法是有意义（或有相同意义）
的吗？我们问“他真的表示了对某人的欢迎吗”（Did he really bid 84
him welcome）不可能与我们问“他真的欢迎某人吗”（Did he really welcome him）有相同的意义，而问“他真的向某人表示了批评吗”（Did he really criticize him）也不可能与问“他真的谴责了某人吗”（Did he really blame him）有相同的意义。譬如说，由于可能存在某些不恰当，这并不是一个很好的检验标准。当某人（在婚礼上）说“我愿意”时，因为或许存在导致该婚礼出问题的不恰当，所以我们或许会问：“他真的结婚了吗？”

（2）他能不通过讲出施行话语来实施该行为吗？

（3）他能有意地实施该行为吗？他能心甘情愿地实施该行为吗？

（4）话语有可能在字面上是虚假的吗？例如，当我已说过我批评时，我批评（区别于我谴责）的行为有可能是虚假的吗？（当然，通常它有可能是不真诚的。）有时，对某个不同的单词，或者对某个不同的话语公式，该检验标准是可行的。因此在显性施行话语中，我们说：“我赞成”（I approve）而不是“我赞成于”（I approve of）。请比较以下两句话之间的区别：“我但愿你在天涯海角”（I wish you were at the bottom of the sea）与“我祝你能到天涯海角”（I wish you at the bottom of the sea）之间的区别，或者“我但愿你玩得开心”与“我祝你玩得开心”之间的区别，诸如此类。

总之，我们把我们的施行话语与以下两种话语相区分：

(1) 纯粹礼节性的约定俗成的程序性短语,诸如“我很乐意于……”(I have pleasure in...)。这些话语是极为不同的。尽管这些话语是程序性的,但并不被要求是真诚的,按照上述的四个检验
85 标准,它们并不是施行话语。它们似乎是一种受限制的类型,可能仅限于表白感受,甚至仅限于表白在说些什么或听到些什么时的感受。

(2) 使行为与话语相匹配的情形,其中的一种典型例子就是辩护律师在他的辩护陈词的结尾说“我的辩护陈词结束”。当与话语相匹配的行为本身就是一个纯粹的程序性行为时,譬如是无话语的鞠躬行为(“我向你致敬”)或说“万岁”(“我欢呼”)这种程序性话语行为时,这些短语特别容易被当成纯施行话语。

在从记述话语切换到施行话语并在两者之间摇摆的现象中,与表态式相同,大量而又独特地存在着第二种非常重要的话语类型,我称之为**表明式**(*expositives*)或表明性施行话语(expositional performatives)。在这里,句子的主干通常是一种直接形式的“陈述”,但在句子的开头存在一个显性施行式动词来显示该陈述是如何与交谈、问答、对话的语境,或者一般地与表明的语境相匹配的。这里有些例子:

“我极力主张(argue or urge)月亮没有背面。”
“我断定(conclude or infer)月亮没有背面。”
“我证实(testify)月亮没有背面。”
“我承认(admit or concede)月亮没有背面。”
“我预言(prophesy or predict)月亮没有背面。”

我们说这些话时把它们当作是极力主张、断定、证实、答复、 86
预测。

这类动词中有许多表面上都非常符合纯施行式动词的特征。(尽管把它们本身与从句——看上去像有真假可言的“陈述”——连接在一起令人烦扰,我们之前已经提到这点,并且还会回过头来讨论。)例如,当我说“我预言……”、“我承认……”、“我假定……”(I postulate that...)时,紧随其后的从句通常看上去完全像一个陈述,但是动词本身似乎是纯施行式动词。

把我们用来检验表态式话语的那四种检验方法来检验一下这种话语:当某人说“我假定……”时:

(1) 我们不能问“但是,他**真的**假定……吗?”

(2) 如果他不这样说就不可能进行假定;

(3) 某人可能说“我有意假定……”或“我乐意于假定……”;

(4) 说“我假定”(不包括那种我们已经注明的情形:“在第265页我假定……”)事实上不可能是假的。从上述各方面来看,“我假定”都与“我为……道歉”或“我为……而批评他”相像。当然,这些话语可能是不适当的——当他无权预言时他可能做了预言,或者说“我承认你做了此事”,或者当某人并没有做时不诚实地说“我承认我做了”。

也存在看上去非常相像且似乎可以归为(与表明式)相同类型的动词,这些动词可能并不那么圆满地通过上述四种检验:例如,与“我假定”相区别的“我设想”(I assume that)。当我并未意识到

87 我正在如此设想并且也没有说任何有这样的效果的话时，我会令人愉快地说“我曾设想……”(I was assuming that...)。并且，在一种重要的描述性意义上，我可能正在设想某个东西，虽然我并未意识到它或者并没有这么说。当然，我可以不经由说出具有断定或否定效果的话而断定或否定某个东西，在这种情况下，尽管“我断定”和“我否定”是纯粹显性施行话语，但与这里的情境无关。我可以点头或摇头，或者**通过**说些别的**暗示性的**话来断定或否定。但是对于“我曾设想”而言，我可以不藉由说任何话语，包括任何暗示性话语，而仅仅通过静静地坐在角落里的方式进行，但我不可能以仅仅地静静坐在角落的方式来否定它。

换句话说，“我设想……”，或许还有“我猜想……”(I suppose that...)，以一种与“我很遗憾……”(I am sorry for...)相同的模棱两可方式使用：“我很遗憾……”有时与“我道歉”等效(是显性施行话语)，有时只是描述我的感受，而有时又同时含有这两种意义；同样地，“我设想”(I assuming)有时与“我假定……”(I postulate)等效，而有时又不等效。

另外，“我同意……”有时像“我批准他的行为”那样使用，有时又更像“我赞许他的行为”，这里它至少部分地描述我的态度、心境、信赖。同样，词组的细小变化也可能极为重要，例如“我同意某事……”(I agree to...)与“我同意……的意见”(I agree with...)之间的不同。但这并不是一个严格的检验方式。

88 发生在此类话语身上的普遍现象也会同样发生在表态式话语(behabitives)身上。就像我们把“我以……为前提(我假定……)”当作一个纯正的显性施行话语而“我设想”却不是，同样如此，我们把：

> “我预言……”(I forecast or predict that)当作一个纯正的显性施行话语而“我期盼……”(I foresee or expect or anticipate)却不是；
>
> “我批准那项意见”(I endorse or I assent to that opinion)当作一个纯正的显性施行话语而“我同意那项意见”(I agree with that opinion)却不是；
>
> “我质疑它是不是这样”(I question whether it is so)当作一个纯正的显性施行话语而“我不确定它是不是这样”(I wonder or doubt whether it is so)却不是。

在这里“预言”、“批准”、“质疑”等可以通过我们的所有显性施行话语的检验标准，而另外的那些单词却不可以，或者不总是可以。

此处顺便提及一种观点：并非我们以使我们的特定话语与谈话的语境相适应的方式做的所有事情，都可以通过一个显性施行话语来做。例如，我们不能以施行话语形式说“我暗示”、“我暗指”等。

表态式和表明式是会出现这种现象的两类非常关键的话语：但是，在其它类型的话语类型中，譬如说在我所谓裁决式话语(verdictives)中，也会出现这种现象。裁决式的例子有“我宣判……”(I pronounce that...)、“我裁定……”(I hold that...)、“我认为……”(I make it...)、“我断定……”(I date it...)。因此，如果你是一位法官且说“我裁定……”，那么说你裁定就是做出裁定的行为；而在不那么权威的人身上是否如此却不很清楚：这句话可能仅仅是对某种心态的描述。这种困难在通常方式下或许可以通过创造一种特殊的词汇，诸如“裁决”（verdict）、“我判决……”（I found
89 in favour of...）、“我宣判……”（I pronounce...），来加以避免；此外，话语的施行式特征仍然部分取决于话语的语境，诸如该法官的确是法官而且穿着法衣坐在法官席上，等等。

某种与此相似的情形或许是“我把 x 归做 y 类”（I class x's as y's），在这里我们看到存在某种双重使用：纯正的显性施行话语使用是我承诺将来做某特定行为，而同时它也是描述性的使用，不是对我心态的描述，而是对我规则性行为的描述。我们可能说“他没有真的进行归类……”或“他正归类……”，并且他可能什么也不说而实施归类行为。我们必须把此类使用与那些通过实施单项行为来将我们置于做某些特定规则行为的位置上的使用相区别：例如“我定义 x 为 y”并不是陈述他按规则这么做而是把他置于将某种表达作为另一种表述的等价物使用的特定规则性行为的位置。在此语境中，这对将“我意欲做”与“我承诺做”做比较具有启发性。

存在许许多多这类的问题，即是否一个明显的或暗示性的显性施行式动词，自身也以一种，或某时或部分地以一种与某项对感受、心态、心绪等的或真或假的描述相似的方式使用。而此类情形再次使人想起那种已经引起注意的更为广泛的现象，即尽管话语具有施行式的特征，但其作为整体似乎从根本上说是有真假的。即使我们采取某类折中方案，即由一个非法官说“我裁定……”（I hold that…）或说“我期望……”（I expect that…），那么，就他们实

施该行为而言，或当他们实施该行为时，假定他们所描述或陈述的 90
一切就是关于讲话者的信念或期望的某种东西，这似乎是荒唐的。这样的假定在某种程度上类似于《爱丽丝漫游仙境》中过分严格地将“我认为 p”(I think that p)看作是关于你自己的陈述，对于这个陈述可这样加以辩驳：“这仅仅是一个关于你的事实”。(爱丽丝开始说“我不认为……”，那么，毛毛虫先知或另外某个人就辩驳道：“那么你不该说”。)而当我们提及纯显性施行话语，诸如“陈述”或“主张”(maintain)，即使该话语的发出是陈述行为或主张行为的实施，整个话语也肯定是有真假的。并且，我们已经一再指出，像“Over”(结束)这样非常明显的典型施行话语与描述事实也有着非常密切的联系，即使像“Play”(开球)这样的典型施行话语并非如此。

当然，情况也并不那么糟糕：我们可以把施行式的开头部分“我陈述”(I state that)——这个部分澄清该话语所实施的行为是陈述(而不是预测等)——与必须为真或为假的以 that 引导的从句相区分。然而，就目前语言的状况来看，在许多情况中，我们没有办法按照这种方式将其分割为两部分，即使该话语中存在某种显性施行话语：譬如“我把 x 比作 y”，“我把 x 分析为 y”。在这里，我们在作比喻的同时，又通过一个至少具有某种准施行话语特征的简明扼要的短语断言存在某种相似性。仅仅为了激励我们继续前行：我还可以提及“我知道”(I know that)、“我认为”(I believe that)，等等。这些例子有多复杂？我们不可能设想它们是纯描述话语。

现在让我们花点时间考虑一下我们的处境：以假定施行话语 91
和记述话语之间存在差异作为出发点，然而我们发现有足够多的迹象表明，这两种话语似乎都具有“不适当”这一特性，而不仅仅是施行话语具有这个特性；而且我们发现，对于施行话语而言，除了“适当性”这一要求外，因情形而异，似乎也有符合事实或与事实具有某种联系的要求，在这一点上，它们与假定的记述话语的特征很相似。

在给施行话语寻找语法标准的努力归于失败之后，我们就考虑，或许我们可以坚持，每一个施行话语原则上都**可能**转变为显性施行话语形式，因此我们可以列出一个施行动词一览表。然而，我们发现确定一个话语是否为施行话语通常并不容易，甚至在它外表上看起来是显性施行话语时也是如此。一个很典型的例子是，我们有以“I state that...”（我陈述……）为句首的话语，这种话语似乎满足成为施行话语所需要的条件，但是它们的确是在做陈述，并且的确本质上是有真假的。

现在对这个问题进行全新思考的时候到了。我们想要考虑说些什么可能是做些什么，或者在说些什么时我们正在做些什么（或许还可以考虑不同的情形，即通过说些什么我们来做些什么）的更为一般的含义。在这里，某种澄清和定义或许有助于我们从混乱
92 中脱身。因为毕竟，“做些什么”是一种非常含糊的表达。当我们说出任何话语[①]时，无论是什么话语，我们难道不都是“在做些什么”吗？当然，在这里我们以这种方式讨论“行为”很容易陷入混乱。例如，我们可能将说话的人与付诸行动的人相对比，我们可能会说他们没做什么，只是谈或说些什么；但是，我们也可以把将**仅仅**思考某件事情和与**实际**上把它（大声地）说出来相对照，在这种

① 我仅仅是作为话式（utteratum）的等价物来使用“话语”（utterance）；而对utteratio我使用“说出某个话语”。

对照中，说**就是**做。

我们该仔细琢磨一下“发出某个话语”[1]这件事情。首先，存在一整组的含义，这里我标记为(A)组，在该组含义中说任何东西必须总是在做些什么，该组所有含义合起来共同构成“说”些什么，完整意义上的“说”些什么。如果不拘泥于表述的系统或精确，我们可能同意，说任何什么都：

(A. a) 总是实施发出特定声音的行为，这是一种“发音”(phonetic)行为，而所说出的东西是音素(phone)；

(A. b) 总是实施发出某些语词的行为，即发出特定类型的声音，这些声音属于某种语言的词汇库，它们按照该语言的语法规则有序排列，有一定结构，并且具有特定的语调。我们可以称这个行为是“发语”(phatic)行为[2]，这个话语就是发出某个“语素”(pheme)的行为，这里的 93
“语素”不同于语言学理论中的语位(phememe)。

(A. c) 通常也是实施以或多或少确定的“含义”以及或多或少确定的“所指”(二者合在一起相当于“意义”)使用语素或其成分的行为。我们可以称这种行为是“发言”(rhetic)行为，这个话语就是发出“言辞”(rheme)的行为。

① 我们不会总是提及但是必须记住“退化”(etiolation)的可能性，这种退化可能发生在我们在演出、小说和诗歌、引述和朗诵中的讲话时。

② “phatic”一词是波裔英籍人类学家马林诺夫斯基(Malinowski，1884—1942)首先使用的，指的是用于建立气氛和维持社会接触而不是用于交流信息或思想的谈话，如对天气的评论和询问健康状况的用语，即寒暄之语。奥斯汀借用这一术语是为了表示机械地说出一个语句而不知其意的谈话。——译者注

第八讲　话语行为、话语施事行为和话语施效行为

94 在着手实施寻找显性施行式动词一览表的计划时，我们发现，似乎并不总是能轻而易举地区分施行话语和记述话语，因此我们的权宜之计可能是回过头来重新考虑一下其基础——重新考虑说些什么就是做些什么，或在说些什么当中我们做些什么，甚至经由说些什么我们做些什么究竟有多少种意义。我们开始区分一整组“做些什么”的含义，显然，当我们断言说些什么在完全通常的意义上是做些什么时，就包含这一整组含义——包括发出某些声音、按照一定的结构发出某些语词，以及按照特定“意义”(即在哲学所偏好的意义上就是以特定的含义和特定的所指)发出这些语词。

我把这种完全通常意义上“说些什么”的行为称作是(亦即命名为)实施一个话语行为(locutionary act)，并且把迄今为止从这些方面对话语的研究称作是对言辞(locutions)的研究或者对言语(speech)的完整单元的研究。当然，我们对话语行为的兴趣主要是弄清楚它是什么，以便把它与我们将着重关注的其它行为区分
95 开。当然，我仅要补充说明的是，如果我们要就其自身考虑来讨论它，大量的进一步推敲是可能的，并且是必要的——这些推敲不仅对哲学家们来说极为重要，而且对语法学家们和语音学家们也是

如此。

我们对发音行为（phonetic act）、发语行为（phatic act）和发言（rhetic）行为做过大致的区分。发音行为仅仅是发出某些声音的行为。发语行为是说出某些词汇，即发出特定类型的声音，它们属于某种语言的词汇库，符合该语言的语法。发言行为是带有或多或少确定的含义和所指来使用某些上述词汇的行为。因此“他说‘猫在垫子上’”报道了一个发语行为，而“他说猫在垫子上”报道了一个发言行为。如下几对话语展示相似的对比：

> “他说‘猫在垫子上’”，“他说猫在垫子上”；
>
> “他说‘我会去’”，“他说他会去”；
>
> “他说‘出去’”，“他叫我出去”；
>
> “他说‘它在牛津还是剑桥？’”，“他问它在牛津还是剑桥”。

为了对其本身追根求底，而不仅仅是满足我们的切近需要，我说一些值得牢记的普遍性观点：

（1）显而易见，为实施一个发语行为我必须实施一个发音行 96
为，或者，如果你愿意的话，也可以这样说，在实施一个行为时我也在实施另一行为（然而，发语行为却不是发音行为的子集；我们已将发语行为定义为说出属于某个词汇库的语词）。但是反过来却不是这样，因为如果某只猴子发出与“go”毫无差异的声音，这仍然不是一个发语行为。

（2）显而易见，发语行为的定义把词纂和语法两个方面整合在一起。因此我们并没有给说出诸如“cat thoroughly the if”(不符合语法——译者注)或“the slithy toves did gyre”(含有不属于该语言的词汇——译者注)这样话的人以特定称谓。然而也有更进一步的观点认为,语调与词纂和语法同样重要。

(3) 然而,就像发音行为一样,发语行为本质上是可模仿的、可复制的(包括语调、眨眼、身体动作等)。可以模仿的不仅是在引号中的陈述“她有着可爱的发型”,而且也可以模仿更为复杂的行为,即他像这样说:“她有着可爱的**发型**”(耸肩)。

就像我们在小说中看到的那样,这是“说”的“引号”使用:每个话语都可在引号中被复制,或者在引号之后带有“他说”,或更为常见的是在引号后面带有“她说”,等等。

但是,发言行为是我们进行报道的行为,就下断言这种情形而言,我们会说“他说猫在垫子上”、“他说他会去”、“他说我应该走”(他的原话是“你应该走”)。这就是所谓“间接引语”。如果含义或
97 所指不明确,那么整个间接引语或其中的一部分要加引号。因此我可以说:“他说我应该去‘牧师’那里,但是他没有说是哪位牧师”,或者“我说他做得很糟糕而他回应说‘曲高者和寡’”。然而,如果他使用祈使语气,或使用与之等价的短语,如“我得”(said I was to)、“我该”(said I should),我们不能总是轻易使用“说”(say that):我们会说“被告知”(told to)或“劝告”(advise to),等等。把这样的短语与“对我表示欢迎”(bad me welcome)和“致以他的歉意”(extended his apologies)作比较。

关于发言行为,我补充另外一点:在这里,含义和所指(命名和指称)本身当然是在实施发言行为时附带完成的行为。因此,我们

可以说“我用‘银行’意指……”，并且我们可以说“我用‘他’指的是……”。我们能在不指称或不命名的情况下实施一个发言行为吗？在通常情形下，答案似乎是我们不能，但是也存在令人困惑的情形。在“所有三角形都有三条边”中，所指是什么？相应地，我们明显可以实施一个不是发言行为的发语行为，虽然反之却不成立。因此我们可以复述别人说或咕哝某个句子，或者我们可以在不知道单词意思的情况下读一个拉丁文句子。

在什么情况下一个语素(pheme)或一个言辞(rheme)与另一个语素或另一个言辞相同——无论是“类型”(type)意义上的相同还是“记号”(token)意义上的相同——以及什么是单个的语素或言辞，在这里，这两个问题并不那么重要。但是，当然，我们要记住很重要的一点：相同的语素，例如作为同一个类型之记号的句子，可以以不同的含义或所指在不同话语情境中使用，因而它们是不同的言辞。当以相同的涵义及所指使用不同的语素时，我们可以 98
说它们是言辞上等价的行为(在某种意义上的“相同陈述”)，但我们不把它们看作是相同的言辞或相同的发言行为(在包含使用相同词语的另一个意义上，它们是相同的陈述)。

语素是语言的一个单元，它的典型缺陷是无意义。而言辞是言语的一个单元，它的典型缺陷是含糊或空洞或模糊，等等。

虽然这些问题相当有趣，但是它们到此为止仍未能对解决我们记述话语和施行话语的区分问题提供任何一丝曙光。例如，就一个话语而言，说“它将要进攻”，在说出该话语的层面上，在迄今所区分的所有意义上，我们完全可能把“我们所说的东西”弄得非常清楚，但是，这仍然无法从根本上弄清我们在说该话时是否在实施**警告**行为。或许，我说“它将要进攻”或“射门”的意思是相当清楚的，但是说这句话的用意是做陈述还是做警告还是做其它什么，仍然不明确。

我们可能会说，实施一个话语行为通常也是实施一项**话语施事行为**(illocutionary act)——这个名称是我提议的。因此，在实施一个话语行为时，我们同时也在实施一个如下的行为：

提出或回答一个问题，

提供某项信息或做出某项保证或提出某项警告，

宣布一个裁决或表达某种意图，

99 宣布某项判决，

进行某项约定或提出某项恳求或给予某项批评，

进行一个鉴定或做出某项描述，

以及许多诸如此类的情形。(我认为这在任何意义上都不是一种有着清楚界限的分类。)在这里，关于话语施事行为，并没有什么神秘之处。问题在于像“我们以何种方式使用”这样的模糊表达有多少种不同的意思——这可能甚至涉及话语行为，并且还会涉及我们很快会谈到的话语施效行为。当我们实施一项话语行为时，我们使用言语：但在这个时候我们到底以何种方式使用它呢？由于我们使用言语有许许多多的功能或方式，就话语施事行为而言，我们以什么方式和在什么**意义**上“使用”言语，在某种意义上——在(B)[①]意义上——会对我们的行为造成重要的差别。我们是在做劝告，还是仅仅提出建议，或者确实是在下命令，以及我们是在严

---

① 见(边码)第102页。

肃地许诺，或仅仅是表达一个模糊的意图，等等，这些都会造成重要的差别。这些问题并没有多少穿透力，还难免与语法相混淆（参看上面所述），但我们总是从某些语词（某个话语）是否有某种疑问的力量（force）或者是否**应该当做**某种评估等角度，对它们争论不休。

我把履行这种新的、第二种意义的行为解释为履行“话语施
事”行为，亦即**在**说些什么当中完成的行为，与履行说些什么的行 100
为相对照。我把被履行的行为称为“话语施事行为”（illocution），并且我将把这里所谈论有关语言不同类型功能的学说，称作是有关“话语施事力量”的学说。

人们可能会说，长久以来，哲学家们一直忽视这种研究，他们把所有问题都看作是“言语的惯用法”问题，而且，事实上我在第一讲中所提到的“描述性谬误”通常就由于把前一种类问题错误地当成后一种类问题而产生的。确实，我们现在正在摆脱这个谬误。多年以来，我们越来越清楚地意识到话语的语境非常重要，而且所使用的语词在某种程度上可以通过“语境”来解释。这些语词被设计在该“语境”中使用，并在语言交流中确实被用到。然而，我们仍然极有可能从“语词的意义”角度给出这些解释。无疑，我们也可以使用“意义”来指涉话语施事力量——“他的意思是它是个命令”，但正如含义和所指的区分已经成为必要一样，我希望把**力量**和意义区分开。在这里，意义相当于含义与所指。

此外，在这里，我想对“语言的使用”或“句话的使用”等表达式的不同用法做一个说明。正如“意义”一词已经成为笑柄一样，“使用”（use）一词也非常含混或宽泛，毫无希望。“使用”一词作为“意

义”的替代者，所处的状况好不到哪去。在话语行为的意义上，我
101 们完全可能弄清在某个特定场合“某个语句的使用”，但我们仍然没有触及它在**话语施事**行为意义上的使用。

在进一步推敲话语施事行为概念之前，让我们将话语行为与话语施事行合起来与第三种行为做一下对比。

还存在另一个含义(C)，在该含义中，履行一个话语行为并在其中履行一个话语施事行为，可能也是去履行另一种行为。说些什么经常甚至通常都会随后对听者、说者或其它人的感情、思想或行为产生某些影响，并且在说这些话时可能原本就有计划、有意图、有目的地创造这些影响。考虑到这一点，那么，我们可以说，说话者已经完成一项与话语行为或话语施事行为完全不同的行为，关于这种行为的名称，可参考(C. a)类型，或参考(C. b)类型。我们将把履行这种行为称作是履行一个“话语施效”(perlocutionary)行为，而被实施的行为如果实质上可被适当地归入(C. a)类型，我们就称之为“话语施效行为”(perlocution)。请允许我们先不要进一步仔细地界定这个观念——当然这是必要的——而仅仅给出例子：

(例 1)

(A) 类行为　或话语行为

他对我说“枪毙她！”用“枪毙”意指枪毙，用“她”指称她。

102 (B) 类行为　或话语施事行为

他力劝(劝告、命令等)我枪毙她。

(C. a) 类行为　或话语施效行为

他说服我枪毙她。

（C. b）类行为

他促使我（或使我，等等）枪毙她。

（例 2）

（A）类行为　或话语行为

他对我说，“你不能做那事”。

（B）类行为 或话语施事行为

他抗议我做它。

（C. a）类行为 或话语施效行为

他制止我、阻止我。

（C. b）类行为

他使我不再进行，他使我醒悟过来，等等。

他使我烦恼。

与之类似，我们可以把话语行为“他说……”与话语施事行为“他争辩道……”和话语施效行为“他使我相信……”区分开。

我们将会看到，此处提到的“随后之果”并未包含某种特殊的随
后之果，譬如说在许诺中通过约束说者的方式所获得的结果，这种 103
后果变成为话语施事行为。或许需要做出某些限制，因为在我们所感觉到的确实产生的真实后果与我们仅仅视之为习惯性后果的东西之间，明显存在差异；无论如何，我们会回过头来考虑这个问题。

那么，我们这里已经有大致区分的三类行为——话语行为、话语施事行为以及话语施效行为。尽管这种分类仍然相当地粗略，但还是让我们对这三种类型做一个整体性的评价。前三点是关于

“语言的使用”的评价。

（1）在这些演讲中，我们的兴趣集中在第二种行为，即话语施事行为，并把它与其它两类行为作对比。在哲学中有一种固执的倾向，即忽略这种行为而偏爱另外两种行为中的一种。话语施事行为与另外两种行为都不同。我们已经看到，“意义”和“语句的使用”这两个表达式如何使话语行为与话语施事行为之间的区别变得模糊。我们现在注意到，谈论语言的“使用”同样也会使话语施事行为与话语施效行为之间的区别变得模糊——因此过一会儿我们就会更仔细地区分两者。谈到“‘语言’之用于争辩或警告”，看上去就像谈到“‘语言’之用于说服、激怒、惊吓”一样。但是，大致对比一下，前者至少能通过施行话语公式来使其成为显性施行话语，在这个意义上说，它可以被看作是**约定俗成的**；而后者则不能。因此，我们可以

104 说“我争辩说……”(I argue that)或“我警告你……”(I warn you that)，但我们却不能说“我使你相信……”(I convince you that)或“我使你惊恐……”(I alarm you that)。此外，我们完全可以弄清楚某个人是否是在争辩，而不触及他是否使什么人信服。

（2）进一步说，我们应明白，“语言的使用”这一表达式足以涵盖超出话语施事行为和话语施效行为之外的许多其它东西，并且这些东西与我们这里所说的一切迥然不同。譬如，我们可以说语言为了某件事而被使用，如开玩笑；我们可以这样来使用“in”，这种用法与话语施事行为中“in”的用法不同，这就是说，当我们说“在说p”时我在开玩笑，表演一个角色，或者在写诗。另外，我们可以谈论“语言的诗意的使用”，这不同于“语言在诗中的使用”。这里所说的“语言的使用”与话语施事行为毫无瓜葛。譬如，当我

说“去抓住流星”时，这句话语的意义和力量是完全可以弄清的，但却不知道我是否还在完成其它行为。还存在退化的、寄生的使用等，存在各种“不严肃的”以及“不完全正常的”使用。人们可以将所指的正常条件悬搁起来，或者不试图去完成标准的话语施效行为，或者不试图让你去做些什么，正如沃尔特·惠特曼[1]并不是真的要激励自由之鹰翱翔。

(3) 此外，我们所“做”的有些事情，尽管与说些什么有关联，但至少在直观上它们似乎并不严格地属于这些大致定义的类别，或者它们似乎含混地可归入不止一个类别。但是在一开始我们无论如何也不能肯定，这些事情像开玩笑或做诗一样，离我们这三类 105
行为相差万里。譬如**暗示**，当我们在说话中或者通过一定言语而暗示某物时，同话语施事行为一样，几乎也包含某种约定。但是，我们不能说“我暗示……”，并且它似乎意味着一种机智的效果而不仅仅是是一种行为。另外一个例子是感情的流露。正像我们在发誓时一样，我们可以在说话中或通过一定言语将感情表露出来。但是同样在这里，我们无法使用施行话语公式以及话语施事行为的其它手段。我们可以说我们为了减轻我们的情感而发誓。[2] 我们一定要注意，话语施事行为是一种约定俗成的行为，即这一行为符合约定。

由于我们的(言语)行为是**行为**，因此以下三点是至关重要的。

---

① 沃尔特·惠特曼(1819 年 5 月 31 日—1892 年 3 月 26 日)，生于纽约州长岛，他是美国著名诗人、人文主义者，其代表作品是诗集《草叶集》。——译者注

② “发誓”这个词是如此含混：“我以圣母之名发誓”是经由圣母发誓，但“该死的”(Bloody)却不是。

(4) 由于我们所有的三种(言语)行为都是实施行为,所以它们也一定有一切行为所共有的毛病。我们必须有条不紊地准备,在“做某事的行为”(即达成某事的行为)和“试图做某事的行为”之间进行区分。

就话语施事行为而言,我们必须准备在下列两种行为之间作必要的区分,尽管这种区分一般是不会为日常语言所发现的(除非是在特殊的事例上):

(a) 试图或企图(或假装、宣称、声称、准备、打算)做某种话语施事行为的行为;

106 (b) 成功地达成或完成或实现这种行为的行为。

这一区分应算是关于一般“行为”的语言理论的陈词滥调。但是它与施行话语相关的特殊重要性较早地引起人们的注意:譬如,这种情况总是有可能的,即当你试图感谢或告知某人时,你的行为却没有达到目的,这或者因为他没有在听,或者把它当成讽刺,或者对它漠不关心,等等。像在其它任何行为那里一样,这个区分在话语行为那里也同样成立。但在这里,这种行为的失败并不像在上文中提到的那样是不适当,而只是没有把话说出来,或者说不明白。

(5) 由于我们的(言语)行为是行为,所以我们必须时刻牢记意料中或意料外的行为效果或结果与如下情形的区别:(i)说话者想要达到某种效果,而实际上却并没有实现它;(ii)说话者没有想要产生某种效果,或者压根儿就想不要产生该效果,但该效果仍然可能出现。针对第一种情况,我们可以像前面那样在试图与达成之间作一区分;针对第二种情况,我们可以利用一般语言学的否认方法（如“无意地”等副词），这个方法在一切行为中都可以得到普遍的使用。[①]

（6）另外，在我们被迫做某些事情的意义上，这些事情或许并 107
不是在“做”的那种严格意义上被做的，但我们当然还得把它们当作行为。这种非严格意义上的“做”的其它形式已由上文（2）揭示出来。或许，我们还应该把（5）中的情形补充进去，在那里我们是由于失误而造成某些结果，我们并不打算那样去做。

（7）最后，我们还得通过一种有关行为的普遍性学说来反驳关于我们的话语施事行为和话语施效行为的不同意见——即行为概念并不清楚。我们把“行为”看作是我们所做的确定的物理事物，它不同于约定俗成，也不同于结果。但是：

（a）话语施事行为甚至是话语行为都包含约定俗成。试将它们同向某人致敬的行为相比较：致敬之为致敬仅在于它是符合约定俗成的，而且也正是因为它符合约定俗成所以它才被做出。同样，我们也可以把踢墙（kicking a wall）和得分（kicking a goal）相比较。

（b）话语施效行为总是包含某些结果，正如当我们说“通过做x，我做了y”时：我们总是或多或少地带来某些结果，其中有些结果可以说是“无意的”。对于物理行为，并不存在什么最小限量。我们可以在关于行为本身词汇集中引入一大批可以被称作是我们

① 或许应当指出的是，在话语行为和话语施事行为中当然也同样会产生问题（ii）。我可以说些什么或提到什么而没有打算或者无意使我自己承担某项特殊的责任，例如我可能会在我不打算命令某人去做某事时而下达这个命令。这个问题在与话语施效行为相联系时最为突出的，它也是试图和达成之间的区分。

的行为之“结果”的东西，这应该是有关所有一般“行为”的语言理论的基本常识。因此，如果有人问“他做了什么”，我们可以回答
108 说：“他射杀了一头驴子”，或者“他打了一枪”，或者“他扣动了扳机”，或者“他动了他放在扳机上的那根手指”，而所有这些回答都可以是正确的。因此，为了简短地表述那个老妪试图把猪及时赶回家以便为她的男人准备晚餐的童话故事，我们终究可以说，那只猫驱赶那只猪，使之翻过梯凳。在这种情况下，如果我们既提到 B 类行为（话语施事行为），又提到 C 类行为（话语施效行为），那么，我们会说“**通过** B 这个行为，他做了 C”，而不说“**在** B 这个行为之中……”。正是基于这个理由，我们称 C 为话语施效行为，以便把它与话语施事行为区别开来。

下一讲我们将回到这三种行为的区分上来，为了使这三类行为及其成员和非成员在一定程度上更清晰，我们将再次讨论“在……之中”(in)和“通过做 x 我正在做 y”这两个表达式。我们将看到，正如话语行为包括同时做很多事情一样，话语施事行为与话语施效行为可能也是如此。

第九讲　话语施事行为和话语施效行为之间的区分

当我们列出显性施行动词一览表时，我们在确定某些话语是 109
否为施行话语或纯施行话语方面，遇到了一些困难。因此，追根溯源地去考察“说些什么就是做些什么”、“在说些什么当中我们做些什么”甚至“经由说些什么我们做些什么”究竟包含了多少意义，似乎是有益的。

我们首先区分出在说某些事情时我们所做的一组事情，我们从整体上将其概括为实施了某个**话语行为**，这大致相当于说出具有一定涵义和所指的某个语句，而含义和所指又大致相当于传统意义上的“意义”。其次，我们说，我们也实施了诸如告知、命令、警告、承诺等**话语施事行为**，即具有一定（约定俗成）力量的话语行为。再次，我们也可能实施了**话语施效行为**：**通过**说某些事情我们实现或取得某些效果，如使人信服、说服、阻止，甚至是使人吃惊或使人误导。在这里，关于“句子的使用”或“语言的使用”，我们至少
有三种不同的意义或维度（当然，还有其它的意义或维度）。当然， 110
所有这三类“行为”，仅仅作为行为，常常会遇到有关企图与达成、有意与无意等等之间区分的麻烦和限制。因此，我们对这三种行

为应作一番详尽的考察。

我们必须将话语施事行为与话语施效行为区分开来：例如，我们必须区分“在说某话时我是在警告他”与“通过说这话，我使他相信，或使他吃惊，或使他停下来”。

正是话语施事行为与话语施效行为之间的区别，似乎最容易招惹是非。我们现在来研究它，并顺便引进话语施事行为与话语行为之间的区别。显然，至少从施行式与记述式相对的意义上而言，话语施效意义上的“做某事”应被看作与那种说出一个话语就是“做一个行为”的施行式是毫不相干的。因为在很特别的情况下，任何或几乎任何话语施效行为都可以由有意或无意说出的任何话语来完成，尤其是由一个直陈式记述话语来完成。例如，你可以坦率地并且及时地告诉我做某件事情的后果，从而使我不敢做

111 这件事（C. b 类情形）[①]。这一点甚至也适用于（C. a 类情形）①，因为你可以这样来使我确信她是一个奸妇：或者质问她 X 的卧室里的手帕是不是她的，[②]或者说明那是她的手帕。

---

① 关于这个参照符号的含义，见（边码）第 102 页。

② 给出直接的信息几乎总是会对行为产生随之而来的影响，反之，做出某个行为（包括说出一个施行式话语）总是有让我们自己和其它人意识到某些事实这一结果，这两个方面都不足为奇。以一种可察觉的方式做任何行为，都是为我们自己并且通常也为别人提供机会，来使我们和他人知道（a）我们做了这件事，以及更进一步的（b）有关我们的动机、性格等的许多其它事实，这些事实可以从我们已经做的这件事推断出来。假如你在一次政治集会上扔西红柿（或者当别人这么做时大喊“我抗议”——如果这是在做一个行为的话），那么结果可能是使别人意识到你的目的，并且使他们认为你持有某种政治信念。但是这不会使投掷或大喊这件事成真或成假（虽然它们可能是有误导性的，甚至是蓄意地误导）。而且由于相同的原因，无论产生多少随后之果，都不会阻止一个记述话语**成**真或**成**假。

那么，我们不得不在我们所做的行为（此处为一个话语施事行为）与其结果之间划一条界线。总的说来，如果该行为不是说些什么的行为，而是一个非约定俗成的“物理”行为，这就是一个错综复杂的问题。正如我们已经看到的，我们可以或宁可相信，我们可以一步一步地把原先和通常涵括在，或可能可以被涵括在“我们的行为”自身[①]这一名称之下的越来越多的东西，当成实际上仅仅是结果，即在那种最小物理意义上的我们**实际**行为的**结果**——不管这些结果多么接近、多么自然——于是，“我们的行为”自身就缩减为 112
我们身体的某些部位的某种运动或某些运动（例如，弯曲我的手指，这就使扳机移动，从而产生……产生使那头驴子死亡的结果）当然，对此我们不必一一赘述。但至少就说些什么的行为而言：

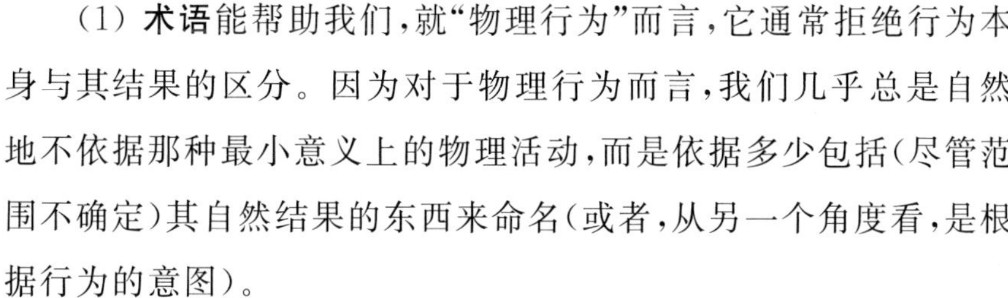

（1）**术语**能帮助我们，就“物理行为”而言，它通常拒绝行为本身与其结果的区分。因为对于物理行为而言，我们几乎总是自然地不依据那种最小意义上的物理活动，而是依据多少包括（尽管范围不确定）其自然结果的东西来命名（或者，从另一个角度看，是根据行为的意图）。

我们不仅不用最小物理行为概念（无论如何这个概念是可疑的），而且我们似乎也没有什么样的名称能把物理行为与其结果区分开来。然而，就说些什么的行为而言，用于命名（B）类行为的词汇似乎明显地是要在行为（我们的说些什么）与其结果（通常不是

① 在这里，我并不研究结果可能扩展到多大范围的问题，关于这个主题的通常错误可以在穆尔的《伦理学原理》这本书中找到。

说些什么)或其大部分结果之间,作一定的区分。[①]

113 (2) 此外,通过与一般的物理行为相比较,我们似乎可以从言语行为的特殊性质中得到某种启发。因为就物理行为而言,甚至最小的物理行为,它作为身体的运动(我们常试图将它与其结果区分开来),至少与它的许多直接而自然的结果**情况类似**[②],但是,不论说些什么的行为可能有什么直接而自然的结果,它们通常至少不是其它一些更进一步的言说行为,无论这种言说行为是关乎说话者本人的,还是关乎他人的。[③] 因此这里有一种正常的链条上的自然断裂,这种链条是物理作用所没有的,是与表示话语施事行为的一类特殊的名称相联系的。

这也许仍无济于事,但我们可以由此发问:这个伴随话语施效

114 行为名称引入的结果真的就不是(A)类行为即话语行为的结果吗?在试图区分"所有的"结果时,难道我们不应该追根溯源,从话语施事行为回到话语行为,甚至回到(A. a)类行为,即发出声

① 请注意,如果我们假定最小的物理行为是在我们说"我移动我的手指"时的身体运动,那么,被移动的对象是我们身体的一部分这个事实,实际上并不引入新的意义的"被移动"。因此,当我如坐针毡时,我可能像小学生那样摇耳朵,或者揪耳朵,或者要么以正常的方式要么以用手摆弄的方式抖脚。在像"我移动我的指头"这样的例子中,"移动"的通常用法是基本的。我们不必再去探求在它之后的"拉紧肌肉"等。

② 这个"**情况类似**"可能会误导你。正如我在前面的脚注中所指出的,我的意思并不是说我的"移动手指"在形而上学上有丝毫像它的结果"扳机移动",或者像"我的手指移动扳机"。但是,"扣扳机手指的移动"与"扳机的移动"**情况类似**。

或者我们可以用另外一种至关重要的方式来阐述问题,这就是说,言说对他人产生影响或**导致**(cause)某些事情的含义,根本不同于由压力产生的物理因果关系中所使用的那种导致的含义。它必须通过语言习惯起作用,并且是一个人对另一个人施加影响的问题:这可能是"导致"的原始含义。

③ 见下文。

音——这是一种物理运动？[①] 当然，我们承认，做一个话语施事行为必定是做一个话语行为，譬如，祝贺必定要说话，而说话，至少在部分上，必然意味着发音器官的或多或少的不可名状的运动。[②]因此，我们不可能把“物理”行为和言说行为完全拆开，它们之间总是存在某些联系。但是(1)尽管这一点在某些联系及语境中可能很重要，但它似乎并不妨碍我们在必要的地方，将话语施事行为的完成与其随后的结果作一定的区分。(2)更为重要的是，我们必须避免在上文上若隐若现但未直接表露的一种观点，即话语施事行为是话语行为的一种**结果**；我们更应该避免这个观点，即通过话语施事行为这个术语所引入的东西仅仅是话语行为的**某些**结果的**补充**参考物，[③]也就是说，说“他鼓动……”就是说他说了一些话并且他说这些话有某些结果，或许有意造成某些结果(？对我产生效果)。倘若我们出于某种理由在一定意义上坚持从话语施事行为“回溯到”发音行为(A. a 类行为)，我们也不应该由物理行为的结果链条追溯到最小单位的物理行为，就像我们由一只兔子的死亡追溯到扣扳机手指的运动那样。发出声音可以说是发音器官运动、呼吸等的(物理)结果，但说出一个词却不是发出一个声音的结果，不论在物理意义或其它意义上，都是如此。而有意义地说一些词也不是说这些词的**结果**，这同样在物理意义或其它意义上都成立。从这点来说，甚至发语行为(A. b 类行为)和发言行为(A. c 类

① 它是一个物理运动吗？我们注意到，“发出声音”本身的确是运动某个人的发音器官这种最小物理行为的结果。

② 为了简单起见，我们仍然限定在口头话语范围内。

③ 见下文。

行为)也不是发音行为(A. a类行为)的**结果**,更不用说什么物理结果了。我们通过使用话语施事行为这个术语而引进的东西,是所指,但它指涉的不是话语行为的结果(至少在任何日常的意义上),而是指涉与说出该话语时的特殊环境有关的话语施事语力量的约定。关于成功的或业已完成的话语施事行为在一定意义上**确实**带来某些“结果”或“效果”的问题,暂待后叙。[①]

116 我一直在论辩,我们可能有希望把话语施事行为与产生结果的话语施效行为区分开来,而且话语施事行为本身也不是话语行为的“结果”。但是现在,我必须指出,话语施事行为之所以与话语施效行为相区别,就在于它在一定意义上带有某些效果:

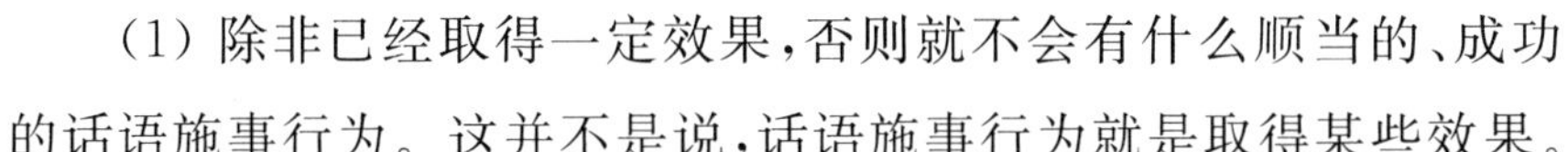

(1) 除非已经取得一定效果,否则就不会有什么顺当的、成功的话语施事行为。这并不是说,话语施事行为就是取得某些效果。

① 我们或许仍然感到有一种把某种“首要性”归于话语行为而非话语施事行为的诱惑,这是由于当我们考虑某个特殊的发言行为(A. c类行为)时,我们看到仍然存在很大余地来怀疑它在话语施事行为术语体系中该如何描述。我们究竟是基于什么原因把某个行为归为A类行为而把另一个行为归为B类行为呢?我们或许对所发出的话语本身并无异议,甚至也一致认同它们的涵义和它们所指称的实在,但是却对它们在该语境中到底是一个命令或威胁,或仅仅是一个劝告或警告仍然存在分歧。毕竟,在特殊情形中对于该如何用话语行为的术语去描述发言行为(A. c类行为),同样存在足够的质疑空间(他的真正意思是什么,他实际上指的是什么人、什么时间等);而且,事实上,我们或许经常同意他的行为确实是下命令(话语施事行为),却仍然不能确定他正下的命令(话语行为)是什么意思。假定该行为至少可描述为或多或少明确的话语施事行为类型,正如它可描述为或多或少**明确的**话语行为(A类行为)那样,这似乎是可能的。在判断一个正确描述是话语行为还是话语施事行为时,肯定会遇到关于约定和意向的困难:含义或所指的有意或无意的含糊可能像解释(在话语施事行为意义下)“我们的话语该如何被理解”时的有意或无意的失败一样普遍。另外,“显性施行话语”的全套设备(参看上文)有助于消除对话语施事行为描述的分歧。事实上,消除对“话语行为”描述的分歧则更为困难。然而,这两种情形都是约定俗成的,并且都倾向于拥有由判断加在其身上的“结构”。

除非一名听众已经听到我所说的东西，并在一定程度上理解了，否
则我们便不能说已对他提出了警告。一个话语施事行为的实施， 117
必定会对听者产生效果。这里我们最好该怎样表述？又如何对它予以限制？一般说来，效果等于实现对意义的理解和对话语行为力量的理解。因此一个话语施事行为的实施包含了理解的达成。

（2）话语施事行为是以一定方式“起效”的，这不同于以“正常的”方式产生事态的那种意义上的“产生结果”，即不同于事物自然过程中的那些改变。因此，“我把这艘船命名为‘**伊丽莎白女王号**’”，便有了给这艘船命名的效果；如果后来再把它称作“**斯大林元帅号**”，便会导致混乱。

（3）我们已经说过，许多话语施事行为由约定俗成导致一个反应或结果。因此，一个命令导致服从的反应，而一个承诺导致随后的履行。反应或结果可以是“单向的”，也可以是“双向的”。因此，我们可以把争辩、命令、承诺、建议以及要求与施惠、询问对方意愿以及问“是还是不是”区分开来。如果反应是一致的，或结果得以实现，那就要求说话者或另外一个人有进一步的行为，这个行为不属于最初的行为系列，这是推理语言的常识。

当然，一般来说，我们总是可以用这样的措辞说“我使他”（I got him to）。这确实使该行为成为被归因于我的行为，并且当该词被使用或可以被使用时，它是一个话语施效行为。因此，我们必须把“我命令他，他服从了”与“我**使他**服从”区分开来。后者的一
般含义是，为了达到这个可归因于我的结果，其它的手段也会被使 118
用，这些手段可能具有一定的强制性，如诱导、亲自出面以及利用影响力等。甚至还常有不同于单纯命令的话语施事行为，如我说

"我通过陈述 x 使他做了某事"。

因此,这里有三种方式把话语施事行为与效果紧密联系起来:理解的达成、起效以及引起反应。这三种方式都与"产生效果"不同,后者是话语施效行为的特征。

话语施效行为或许要么是达成一个话语施效目标(使相信、说服),要么是导致一个话语施效结果。因此,警告行为可以达成使人警觉的话语施效目标,并且可以导致使人警惕的话语施效结果,而辩驳一个观点或许达不到其目标,但却有使我们的对手相信其真实性的话语施效结果("我仅仅成功地使他确信这一点")。一个话语施事行为的话语施效目标可以是另一个话语施事行为的话语施效结果。例如,警告可能产生阻止这个结果,而说出"不要"(don't)的目标在于阻止,它可能导致警觉甚至警惕这一结果。某些话语施效行为总是意味着一个结果的产生,当不存在话语施事行为公式时便会如此:因此,我可以通过一个话语行为而使你吃惊、使你烦扰或使你感到羞辱,尽管并不存在"我由……使你吃惊"、"我由……使你烦扰"、"我由……使你感到羞辱"这样的话语施事行为公式。

119 反应或结果可以部分地或完全地由非话语行为的方式取得,这是话语施效行为的一个特征。因此,我们可以由挥舞一根棍子或用枪瞄准来达到威慑效果。甚至在"使人信服"、"说服"、"使人服从"以及"使人相信"等情形中,我们也可以通过非语词的方式来达成。但是,如果没有话语施事行为,那么,话语施效目标的这个语言特征是否应该被使用,就值得怀疑了。请比较一下"使他"(got him to)的使用与"使他服从"(got him to obey)的使用。然而,仅靠这一点还不足以区分话语施事行为,因为我们也可以用非言语的手段来达到像警告、命令、委派、赠予、抗议或道歉等效果，这些都是话语施事行为。因此，我们可以轻蔑地用拇指抵住鼻尖或猛掷西红柿，以示抗议。

更为重要的在于这个问题，即这些反应和结果是否可以通过非约定俗成的方式获得。确实，我们可以通过非约定俗成的手段(或者像我们所说的“非约定的”手段)，即根本不是约定俗成的手段或不以约定俗成为目的的手段，来取得同样的话语施效结果。譬如说，我可以通过轻轻地挥动一根大棒，或彬彬有礼地提及他年迈的父母仍然身处第三帝国，来说服某人。严格说来，除非所使用的手段是约定俗成的，否则就不可能有话语施事行为，因此以非言语的方式达成话语施事行为的手段也必须是约定俗成的。但是，我们很难说约定俗成始于何处又终于何处。因此，我可以通过挥舞一根棍子来警告他，或者仅仅通过把某物递给他来完成赠予行 120
为。但是，如果我是通过挥舞棍子来警告他，那么挥舞棍子就是一个警告，他能很好地理解我的意思，即挥舞棍子似乎是一种准确无误的威胁性肢体语言。当我们默认某个安排，默默地承诺，或举手表决的时候，也有相似的问题。但是，这个事实并没有改变：许多话语施事行为除非通过说话，否则是无法执行的。对于陈述、告知(不同于表明)、争辩、估计、计算，以及判决(在法律意义中)而言，的确如此。对于绝大多数的裁决式(verdictives)和表明式(expositives)而言这依然成立，但对许多运用式(exercitives)和承诺式(commissives)[①]而言则不能成立。

① 关于裁决式、表明式、运用式、承诺式的定义，请参见第十二讲。——原编者厄姆森注

第十讲 “在说……当中”对“经由说……”

121 我们暂时忘记了当初的施行话语与记述话语的区分，以及寻找显性施行话语动词一览表的计划，我们重新开始考虑说话就是做事的含义。因此，我们区分出具有**意义**的话语行为（其中包含发音行为、发语行为和发言行为）、在说话中带有某种**力量**的话语施事行为以及经过说话**取得**某些**效果**的话语施效行为。

在上一讲中，我们区分出即使是话语施事行为也与之有关的三种意义的结果和效果，即达成理解、起效和引起反应。就话语施效行为而言，我们在达成目标和产生结果之间作出大致的区分。话语施事行为是约定俗成的行为，而话语施效行为则**不**是约定俗成的。这**两**种行为（或者更为准确地说，可由同一个名称称呼的行为，譬如说，相当于话语施事式警告行为的行为或相当话语施效式令人信服行为的行为）都可以通过非言语的方式实施，都可以通过非言语的方式实现。但是，即使是对应得话语施事行为这个名称的行为而言，
122 譬如警告，它也必须是**约定俗成的**非语言行为。但话语施效行为不是约定俗成的，尽管为了完成话语施效行为可以使用约定俗成的行为。一个法官应当能够通过倾听人们所说的话，判定什么样的话语行为和什么样的话语施事行为得到实施，但是

无法判定达成什么样的话语施效行为。

最后我们谈到，关于“我们如何使用语言”或者“在说些什么之中我们做些什么”，还存在另外一系列问题，从直觉上说，这些问题似乎是完全不同的，是我们还未触及的更进一步的问题。例如，存在暗示(以及其它的语言**非字面**意思使用)、开玩笑(以及其它的语言**不严肃**使用)、发誓和炫耀(这或许是语言的富于表情的使用)。我们可以说“在说 x 中，我是在开玩笑”(暗示……、表达我的情感等等)。

现在我们得对下面的公式做一些确定性的评论：

“在说 x 当中我在做 y，或我做了 y”(In saying x I was doing y or I did y)

“经由说 x，我做了 y 或我正在做 y”(By saying x I did y or I was doing y)

由于这些公式似乎非常合适用来实施以下行为，即前者(in)适合用于挑出命名话语施事行为的动词，而后者(by)适合用于挑出命名话语施效行为的动词，所以事实上，我们选择了**话语施事行为**(illocutionary)和**话语施效行为**(perlocutionary)这两个名称[①]。因此，例如：

① 从构词法来看，“illocutionary”=“in locutionary”，而“perlocutionary”=“by locutionary”。——译者注

“在说我会向他开枪当中,我在威胁他。”

“经由说我会向他开枪,我使他警惕。”

123 这些语言学公式会给我提供一种区分话语施事行为和话语施效行为的检验方法吗?答案是否定的。不过,在我论述这个问题之前,让我做个整体性的评论或自白。你们中的很多人将会在这条路上变得不耐烦——这在一定程度上是有理由的。你们会说:“为什么不言归正传,少些闲扯?为什么要喋喋不休地讨论在日常谈话中可以找到的用于指称我们所做的与说话有关的事情之名称的一览表?为什么要唠唠叨叨像‘在’(in)或‘经由’(by)这样的公式?为什么不直截了当地立即着手讨论有关语言学和心理学方面的东西?为什么如此迂回曲折?”当然,我承认我们确实必须讨论语言学和心理学方面的东西,但是这项工作的实施要在我们发现能从日常语言中汲取什么**之后**,甚至在发现日常语言中的不可否认的强有力要素之后,而不是之前。否则,我们将会因忽视某些事情而欲速则不达。

无论如何,“in”和“by”是值得研究的。说实在的,“while”、“when”等,也是如此。正如我们在“结果”问题上所看到的,在有关“我所做的事情”的各种可能的描述之间如何相互联系这个一般问题上,这些研究的重要性是显而易见的。那么,我们现在转向“in”公式和“by”公式,之后我们再回到最初的施行话语与记述话语的区分,看看在这个新提出的构架中,这个区分的结局如何。

我们首先考虑这个公式:“在说 x 当中我在做 y,或我做了 y”(In saying x I was doing y or I did y)。

(1) 该公式不仅限于用在话语施事行为。它也适用于话语行 124
为和似乎全然在我们的分类之外的行为。事实当然并非如此:如果我们可以说“在说 x 时你在做 y 行为”,那么“y 行为”必定是一个话语施事行为。人们顶多能声称“in”公式不适合话语施效行为,而“by”公式不适合话语施事行为。就话语行为而言,我们可以使用“in”公式,在这里,“做 y 行为”就是实施话语行为的附带部分。譬如,“在说我厌恶天主教徒时,我仅仅指目前的天主教徒”,或者“我所意指或我所想到的是**罗马**天主教徒”。尽管在这种情形中,我们或许更为普遍使用的是“谈到”(in speaking of)公式。这种情形的另外一个例子是:在说“冻墨水”(Iced ink)时,我发出“我招人讨厌”(I stink)这一声音。当然,除此以外,还存在其它貌似混杂的情形,诸如“在说 x 时你在犯错”,或“未注意到一个必要的区分”,或“触犯法律”,或“冒风险”,或“遗忘”。犯错或冒险当然不是实施话语施事行为,甚至不是实施话语行为。

我们可以通过论辩“说”(saying)是一个含混的语词,尝试将“in”公式适用于话语行为的那些情形清除出去。当“说”不在话语施事行为中使用时,它可被替换为“谈到”(speaking of)、或“使用……表达式”(using the expression),或者说,我们不说“在说某些话当中”(in saying x),我们可以说“通过某些话”(by the word x)或“使用某些话”(in using the word x)。这是在“说”之后要加上引
号的情形,并且在这种情形中,我们涉及的是发语行为(phatic 125
act)而非发言行为(rhetic act)。

对于在我们的分类之外的混杂行为而言,情况更为困难。一

种可能的检验方式如下：在我们可把 **y** 动词[①]置于非进行时态（过去时或现在时）而不是进行时态的情况下，或者在我们可以把"in"换成"by"而同时保持进行时态的情况下，y 动词就不是话语施事行为的名称。因此，对于"在说句话时他在犯一个错误"（In saying that he was making a mistake），在不改变该话语意思的情况下，我们可以把它或改写为"在说那句话时他已经犯了一个错误"（In saying that he made a mistake），或改写为"经由说那句话他正在犯一个错误"（By saying that he was making a mistake）。但是，我们不说"在说那句话中我进行抗议"（In saying that I protested），也不说"经由说那句话我在抗议"（By saying that I was protesting）。

（2）但总的说来，我们可以断言，"in"公式确实不与像"convinced"（使信服）、"persuaded"（说服）、"deterred"（阻止）这样的话语施效动词相伴随。但对于这一点，我们必须有所限制。首先，在不正确地使用语言时会产生例外。例如，人们说"你在吓唬我吗？"（Are you intimidating me），而不说"威胁"（threatening），因此，人们可能说"在说 x 时，他正在吓唬我"（In saying x，he was intimidating me）。其次，人们可以真正地以话语施事方式和话语施效方式使用同一个词。例如，"引诱"（tempting）就是一个可轻易地以这两种方式使用的动词。我们不会说"我引诱你去做"（I tempt you to），但是我们的确会说"让我引诱你去做"（Let me tempt you to），并且我们也会有这样的交谈："要不要再来一碗冰

① 这就是说，该动词代替"在说 x 时我正在做 y"中的"y"。——原编者厄姆森注

激凌”——“你在引诱我吗?”最后一个问题在话语施效的意义上是 126
荒谬的,因为它是一个有待说话者去回答的问题,如果有人问这个问题的话。如果我说:“哦,为什么不?”那么似乎我正在引诱他,但是他可能并未真的被诱惑。再次,存在动词的预期使用,诸如“怂恿”(seducing)、“抚慰”(pacifying)等。在这个情形中“试图做某事”(trying to)似乎总是能附在一个话语施效动词之前。但是,我们不能说话语施事动词总是相当于可用施效动词加以表达的试图做某事,譬如说,“争辩”(argue)相当于“试图使相信”(try to convince),“警告”(warn)相当于“试图使警惕”(try to alarm)或“使警觉”(alert)。因为首先,做(doing)和尝试去做(trying to do)的区分不仅存在于话语施事动词,也存在于话语施效动词。我们把争辩(argue)和试图去争辩(trying to argue)区分开,也把使信服(convince)和试图使信服(trying to convince)区分开。此外,许多话语施事行为事实上并不试图做什么话语施效行为,例如,承诺(to promise)并不试图去做什么。

但是,我们仍然可以问,我们是否有可能对话语施效行为使用“in”公式。当该行为不是有意达成时,这个问题就具有诱惑力。但即使在这里,这种使用恐怕也是不正确的,我们应该使用“by”。无论如何,如果我说,“在说 x 中我试图使他信服”(In saying x I was convincing him),在这里,我要说明的不是我如何开始说 x,而是我如何开始使他相信。这是我们使用“在说……当中”(in saying)公式的另一种方式,我们以这种方式说明当我们使用“在说……当中”公式时我们意指什么,并且这种方式包含来自它使用 127

话语施事动词的另一个意义（“在……过程中”，这不同于“一个标准”）。

现在让我考虑一下“in”公式的一般性意义。如果我说“在做A时我正在做B”，那么，我的意思要么可能是A包含B（A说明B），要么可能是B包含A（B说明A）。通过以下对照这个区别可以清楚地显示出来：（1）“在做A的过程中，我正在做B”（在建一栋房子的过程中，我正处在砌一堵墙的阶段），以及（2）“在做A时，我正处在做B的过程中”（在砌一堵墙时我正在建一栋房子）。另外，请做下列对比：（1）“在发出声音N时，我在说S”以及（2）“在说S时我正发出声音N”。在（1）中，我说明A（这里就是我发出该声音），并且陈述我的目的在于发出该声音，而在（2）中，我说明B（我发出该声音），并且因此陈述我发出该声音的效果。在回答“你怎么会在做如此这般的事情”这一问题时，该公式经常被用来说明我在做什么。对于这两种不同的强调，词典更喜欢前一种情形，即我们说明B，但是我们同样经常将其用于后一种情形，即去说明A。

如果我们现在考虑一下这个例子：

在说……时，我忘了……（In saying...，I was forgetting...）

我们发现，B（忘了）说明我们怎样说出该话语，它是对A的说
128 明。与之相似，“在嗡嗡叫时，我正在思考蝴蝶嗡嗡叫”说明我的嗡嗡叫（A）。这似乎是“in saying”公式在与话语行为动词相伴随情况下的使用。它说明我说出我所做的事情（而不是说明我的

意思)。

但是如果我们考虑下面的例子:

(3) 在嗡嗡叫时,我正在扮演一只蜜蜂,

在嗡嗡叫时我表现得像一个小丑。

在这里,我们发现,说出某个人所做的事情(嗡嗡叫),无论是从意图上讲还是从事实方面看,都相当于我说如此这般,相当于某种行为,并且使之可随时用不同的名字加以称呼。

话语施事例子“在说如此这般时我在警告”就属于这种类型:它既不属于“在……的过程中”类型,也不属于“A 说明 B 或反过来 B 说明 A”类型。但是,它也不同于话语行为例子,因为在这种情形中,行为本质上不是由意图或事实形成的,而是由**约定俗成**形成的(当然,约定俗成也是一种事实)。这些特征有利于最令人满意地把话语施事行为挑选出来。[①]

但是,当“在说……当中”公式与话语施效动词一起使用时,它是在“处于……的过程当中”的意义上被使用的,但是它说明 B,而与话语行为动词一起使用时它说明 A。所以,“在说……当中”公式与话语施效行为动词一起使用,既不同于与话语行为动词一起使用的情形,也不同于与话语施事行为动词一起使用的情形。

我们可能注意到,“怎么会?”(How come?)问题并不限于有 129

① 但是假设有一个江湖牙医。我们可以说:“在插入那颗假牙时,他在练习牙科技术。”这里也有一种约定,正如在警告情形一样——法官能够判断。

关手段和目的的问题。因此在“在说 A 时……我忘了 B”这个例子中，我们说明 A，但这是一种新的意义上“说明”或“包含”，不是手段和目的意义上的“说明”或“包含”。又如，在“在说……时，我正使……相信(正使……蒙羞)”这个例子中：

我们说明 B(我正在使他相信或我正在使他蒙羞)，B 的确是一个结果，但不是某个手段的结果。

同样，“经由”(by)公式也不限于话语施效动词。这个公式也存在话语行为的使用(经由说……我意指……)、话语施事行为的使用(经由说……我特此警告……)以及各种各样混杂的使用(经由说……我把自己置于错误的境地)。一般来说，“by”的使用方式至少有两种：

(1) 经由(by)敲打钉帽，我正把钉子钉入墙中，

(2) 经由(by)插入一个假牙，我正在练习牙科技术。

在(1)中，“by”表明我完成一个行为的手段、方式或方法。在(2)中，“by”表明一种标准，该标准涉及我做些什么可使我的行为被归为练习牙科技术。除用来表明标准的使用似乎更为表面外，这两种用法似乎没什么不同。“by”的第二种意义——用于表明标准的意义——似乎也与“in”的某种意义非常接近，如“在说那话
130 时，我正触犯法律(触犯了法律)”。而且，在“经由说……”(by saying)公式中，“by”肯定可以以这种方式与话语施事动词一道使用。于是，我们可以说，“经由说……我在警告他(我警告了他)”。但是这种意义上的“by”并与话语施效动词一道使用。如果我说

“经由说(By saying)……使他信服(说服了他)”,这里“by”就具有手段—目的的含义,或者至少表示我做这件事的方式或方法。“手段—目的”意义上的“by”公式到底与话语施事行为动词一道使用吗？至少在如下两种情形中似乎的确如此:

(1) 当我们采用一种言语方式而不是非言语方式做某事时,即当我们用话语代替使用棍棒时。譬如,通过(by)说“我愿意”,我与她结为夫妻,这里的施行式的“我愿意”是达成结婚这个目的的一个手段。此处“说”(saying)是在带引号的意义上使用的,并且是使用言辞或语言,是一种发语行为而非发言行为。

(2) 当一个施行话语作为实施另一个行为的间接手段而被使用时。例如,通过(by)说“我叫梅花三”,我告知他我没有方块。这里我把施行话语“我叫梅花三”作为告知他的一个间接手段(告知他也是一个话语施事行为)。

总之:如果要把“经由说……”(by saying)公式作为检验一个行为是否为话语施效行为的标准,我们必须首先明确:

(1) “by”是在作为手段而不是作为标准的意义上使用的;

(2) “saying”的使用有两个要求:

(a) 是在完整意义的话语行为中而不是在部分意义的话语行 131
为(譬如发语行为)中使用的;

(b) 是不像上述桥牌例子那样以双重约定的方式使用的。

话语施事行为还有另外两个辅助语言标准使之区分于话语施效行为:

(1) 就话语施事动词而言,我们似乎经常可以说“说出 x 就是做 y”。人们不会说“锤击钉帽就是把它敲进去”,而会说“通过敲击钉帽,他把它钉入墙中”。但是这个公式并不能给我们提供一个天衣无缝的检验方法,因为我们能用这个公式说许多东西。我们会说“说那话是要使他相信”(一种预期的使用?),尽管“使……相信”是一个话语施效动词。

(2) 我们已经(从直觉上——迄今为止我们一直这么做)归类为话语施事行为之名称的动词似乎与**显性施行**动词极为相近,因为我们可以像显性施行话语那样说“我警告你……”以及“我命令你……”,而警告和命令是话语施事行为。我们可以使用施行话语“我警告你……”,但不使用“我使你信服……”,并且我们可以使用施行话语“我以……威胁你”(I threaten you with),而不使用“我通过……吓唬你”(I intimidate you by)。使……信服和吓唬是话语施效行为。

当然,总的结论必定是,这些公式顶多是判定某个表达是一个
132 话语施事行为还是话语施效行为或者两者都不是的非常不可靠的检验方法。但是,“by”和“in”就像现在已经变得声名狼藉的“how”一样,值得我们仔细检验它的每一个细节。

那么,施行话语与这些话语施事行为之间究竟是什么关系呢?情况似乎是,当我们有一个显性施行话语时,我们也就有一个话语施事行为。那么,就让我们看看先前几讲所做的有关施行话语的区分与这些不同种类的话语施事行为之间,究竟是什么关系。

第十一讲　陈述、施行话语与话语施事力

在我们最初对比施行话语与记述话语时，我们说过： 133

(1) 施行话语应该是做些什么，而不仅仅是说些什么；并且

(2) 施行话语有适当和不适当之分，而无真假之别。

这些区分真的可靠吗？我们随后的有关做和说的讨论似乎明确地指向这样一个结论：每当我“说”些什么（也许像“见鬼”或“哎哟”这样的单纯感叹词除外），我都既在做话语行为又在做话语施事行为，并且这两种行为在“做”和“说”的名义下，似乎恰好就是我们试图（以“说”和“做”来命名）用以区分记述话语与施行话语的手段。如果我们通常总是同时做这两种事情，那么我们的区分还怎么能站得住脚呢？

让我们先从记述话语方面看这个对照：当然，我们满足于将“陈述”看作其典型或典范的记述话语。当我们陈述某件事情时，以下这些说法正确吗？

(1) 我们也在做某件事情,这不同于仅仅说某件事情,而且

134 (2) 我们的话语倾向于有适当和不适当之分(如果你愿意说的话,也有真假)。

(1) 确实,陈述在每一点上都与警告或宣判等话语施事行为相同。当然,就口头陈述而言,除包含发音器官的运动之外,它并不以某种特别的物理方式来做一个行为。但是,正如我们所看到的,警告、抗议、承诺或命名等行为也是如此。“陈述”似乎满足我们用于辨别话语施事行为的所有标准。请考虑下述这样一个无懈可击的评论:

在说天将要下雨时,我不是在打赌也不是在争辩或警告:我只是把它作为一个事实加以陈述。

124 在这里,“陈述”完全被放置在与争辩、打赌以及警告相同的层面。再如:

在说它正在导致失业时,我并不是在警告或抗议:我只是陈述这样的事实。

或者采用前面也用过的另一种检验方式,毋庸置疑,

我陈述他没有做它

与

我争辩他没有做它，

我暗示他没有做它，

我打赌他没有做它，

完全处在相同的层面上。

即使我仅仅使用初级的或非明显形式的施行话语：

他没有做它

我们也可以弄清楚在说这话时我们在做什么，或者同样可以 135
通过说出上文三句（或更多）话中任何一句话，来指明该话语的话语施事力。

此外，尽管“他没有做它”这一话语经常是作为一句陈述而被说出的，并且毫无疑问它是有真或假的（假如确实存在有真假的东西，那么这一句**便是**），但是从这个角度看，我们似乎不可能说这句话与“我陈述他没有做它”有什么不同。如果某个人说“我陈述他没有做它”，我们研究该陈述之真理性的方式，与我们研究他所说的“他没有做它”这一**更简洁**的说法之真理性的方式完全相同，我们把“他没有做它”看作是一个陈述，我们通常也应该把它看作是一个陈述。也就是说，说“我陈述他没有做它”与说“他没有做它”一样，是做同样的陈述：它不是去做一个有关“我”所陈述的东西的一个不同的陈述（除某些特例之外：如历史的和习惯性的现在时等）。显然，当我说“我认为他做了它”时，如果某个人说“这是有关你的一个陈述”，那是不准确的：这句话**可以**被理解为是有关我自己的，但“我陈述他做了它”却不可以被理解为是有关我自己的。

因此，在

(a) 我们说出话语是在做某件事情，

(b) 我们的话语有真假

这两个命题之间并不存在必然的冲突。

136 关于这一点，我们看看“我警告你它就要冲过来”这个例子。在这里，“它将要冲过来”是一个警告，同时又是有真假的。在这里，既有评价警告的问题，也有评价陈述的问题，尽管这两种评价方式不完全相同。

仅仅凭借审察，“我陈述”与“我主张”(说这句话就是主张某个东西)、“我告知你”、“我作证”等，似乎并没有什么实质的区别。或许，这些动词之间的某些“实质的”区别可能还有待建立，但目前还一事无成。

(2) 此外，如果我们考虑所谓第二个对照，即施行话语之有适当与否与陈述之有真假与否相对照，那么还是从假定的记述话语(陈述最为典型)方面看，我们发现陈述也会遭遇施行话语易于遭遇的任何一种“不恰当”。让我们再回过头来考虑陈述是否会像警告那样，以我们所谓“不恰当”的方式，遭遇各种各样的“无能”(disabilities)，这种种“无能”在不使一个话语成真或成假的情况下而使之“不适当”。

我们已经注意到，说(相当于陈述)“猫在垫子上”在某种意义上暗含着我相信猫在垫子上。与此类似，“我承诺会去那里”在同样的意义上暗含着我打算到那里去并且我相信我有能力到那里。
137 因此，陈述容易具有**不真诚**(insincerity)这一不恰当形式。并且，说或陈述猫在垫子上使得我要为说或陈述“垫子在猫下面”负责，正如“我把 X 定义为 Y”这个施行话语（在**认可**的意义上说）使我要为在将来的谈话中以特定的方式使用那些术语负责一样，并且我们能理解该话语如何与承诺行为相联系，在这个意义上说，陈述甚至容易具有**违背**(breach)这一形式的不恰当。这意味着陈述可能产生我们前面所说的两种 Γ 类型的不恰当。

那么，对于 A 与 B 类型的不恰当，即能导致警告、许诺等行为成为空或无效的那些不恰当来说，情况又如何呢？一个看起来像是一个陈述的东西，可能像一个假定的契约那样为空或无效吗？答案似乎是肯定的，这很重要。前两种情形是 A.1 类和 A.2 类，即不存在约定（或不存在公认的约定），或者话语的情境对于说话者所诉求的约定而言不适合。许多这种类型的不恰当的确会感染陈述。

我们已经注意到，一个假定的陈述**预设**(presupposing)它所指称的事物的存在。如果所指称的事物不存在，那么，“该陈述”就不是关于任何事物的陈述。有人说，在这些情境中，譬如说，如果某个人断言现在的法国国王是秃子，那么“他是否为秃子的问题就不会产生”。但是，我们最好说该假定的陈述是无效的和空的，正如我说我把某个不属于我的东西或（已经被烧掉）不复存在的东西卖给你。契约经常因为它们所涉及的对象不存在而成为空的，这包含着所指(reference)的某种崩溃。

但很重要的一点是，我们也要注意到，与契约、承诺、警告等类 138
似，“陈述”也会以其它的方式遭受这类不恰当。例如，正如我们常说“你不能命令我”，其含义是“你无权命令我”，这相当于说你不处在做这件事的合适位置上。同样，经常存在你不能陈述的事情，即你没有权利去陈述，你不处于去做陈述的位置上。现在，你就不能**陈述**隔壁房间里有多少人，如果你说“隔壁房间里有五十人”，我只能认为你是在猜测或推测（正如有时你不是在命令我——这是不可思议的——而可能是很不礼貌地要求我，所以，在这里你正相当奇怪地“冒险提出一个猜测”）。在其它情境中，存在你处于你的位置可加以陈述的某种事物；但是对别人的感受或未来呢？一个有关个人行为的预告或甚至推断真的是一个陈述吗？重要的是要把言语情境作为一个整体加以考虑。

正如有时我们无权做出任命而仅仅有权确认已经做出的某项任命那样，有时我们同样无权陈述而仅仅有权确认已经做出的某项陈述。

假定的陈述也会具有B类不恰当，即差错（flaws）和障碍（hitches）。有人“说些并非他本意的话”——用错了词——比如当本意是说“蝙蝠”（bat）时说“猫（cat）在垫子上”。其它类似的细枝末节之事也会发生——或者并非完全是细枝末节，我们有可能
139 完全依据意义（相当于含义和所指）讨论这种话语，将它们搞混，尽管它们真的易于理解。

一旦我们认识到我们必须研究的不是语句，而是在某个语境中说出某个话语，那么看不到陈述是实施一个行为的可能性就微乎其微。此外，如果我们把陈述和我们有关话语施事行为的说法作一个对照，我们就可以看出，同其它话语施事行为一样，陈述行为的实质是“达成理解”（secure uptake）：如果我的陈述没有被听到或不被理解，那么人们就会对我是否做过陈述提出质疑，正如如

果某个人不把我的**低声**警告或抗议理解为警告或抗议，那么他就会对我是否做过低声警告或抗议提出质疑。陈述确实和“命名”一样“起效”(take effect)，这就是说，如果我陈述过某件事情，那么这个陈述使我要对其它陈述负责，从而我所做的其它陈述将会是适宜的或不适宜的。此后，你所做的某些陈述或评论也就与我相矛盾或不相矛盾，反驳我或不反驳我，等等。或许，如果某个陈述不引起反应，那么，引起反应就不是所有话语施事行为的本质特征。当然，在做陈述时，我们也在或可能在做各种各样的话语施效行为。

人们可能争辩最多的是，与告知、争辩等具有话语施效目标不同，陈述并不具有特定的话语施效**目标**。这种争辩似乎有一定的道理。人们似乎还认为，这种相对纯洁可能是我们赋予“陈述”以某种特殊位置的理由。但是，这肯定不能证明赋予“描述”(description)以一个类似的优先权是合理的，并且对于许多话语施事行为而言，情况也是如此。

140

当然，如果我们从施行话语角度来考虑这个问题，我们可能仍然感到，它们缺少陈述所具有的某些东西，即使我们已经表明，反之不然。当然，施行话语是在做某件事情时附带地说些什么，但是我们可能感到它们不像陈述那样，本质上是有真假的。我们可能感到，这里存在我们用于判断、评估或评价记述话语的一个维度(以认可它的恰当性作为第一步)，这个维度不适用于非记述话语或施行话语。假定我们同意，对于我成功地陈述某件事情而言，所有的情境都是适宜的，但是，当我作出陈述时，仍然会产生这个问题：我所陈述的东西是真是假？并且，用流行的术语讲，我们感觉到这是有关陈述是否“与事实相符”的问题。对于这一点，我认为，那种把“是真的”这个表达式的用法等同于同意（endorsing）等的尝试，是不适当的。所以，在这里，对于已完成的陈述我们有一个新的批评维度。

但是，现在：

（1）对于那些典型的施行话语而言，至少在许多情形中，难道就没有类似的客观评价吗？

141 （2）对陈述的这种评价是否有点过于简单化？

首先，在估计、裁决和宣告等裁决式话语中，有一种明显的朝向真假的滑动。我们可以：

正确地或错误地	估计	例如，现在是两点半；
正确地或不正确地	裁决	例如，他有罪；
正确地或不正确地	宣告	例如，那个（板球）击球手出局。

在裁决式话语中，我们不会说“真实地”（truly），但是我们肯定会向我们自己提出同样的问题；并且像“正确地”、“错误地”、“不正确地”等副词也被用于陈述。

另外，在合理地或有效地推断或论证与真实地陈述之间存在某种相似性。这不仅仅是一个他是否作出论证或推断的问题，而且也是一个他是否有权利去作论证或推断的问题，并且也是一个他是否成功地作出论证或推断的问题。警告或劝告可能正确地或错误地作出，恰当地或不恰当地作出。对于称赞、责备以及祝贺等也会产生相同的考量。如果你自己也做过同样的事情，那么责备就是不合适的。对于称赞、责备或祝贺，有一个是否应得或应受的问题。说你责备过他，事情到此为止，这是不够的，我们还要有理由说明一个行为比另一个行为更好的原因。称赞和责备是否应得或应受问题，完全不同于它们是否适时问题，并且就劝告而言也可 142
以做出同样的区分。说一个劝告是好是坏，不同于说它是否适时，尽管劝告的时机对于它的好坏而言，比责备的时机对于它之是否应受而言，显得更加重要。

我们能肯定真实地陈述与合理地论证、适当地劝告、公正地判断以及正当地责备是不同类型的评价吗？难道这些评价不以复杂的方式与事实相关吗？对于命名、任命、遗赠以及打赌等运用式话语(exercitives)而言，情况也是如此。在这里，事实同我们有关事实的知识或观点一道起作用。

当然，人们总是力图去实现这种区分。有人宣称，论证的合理性(如果它们不是“有效的”演绎论证的话)和责备的应得性不是一个客观的问题。或者说，有人告诉我们，在警告中，我们应该把“牛将要冲过来”这一陈述与警告本身区分开来。但是，我们也暂且考虑一下真假问题是否就那么客观。我们会问：“它是一个**公正的**陈述吗？”以及对于陈述和说而言的好理由和好证据与对象争辩、警告和裁决这样的施行式行为而言的好理由和好证据真的有那么大的差异吗？那么，记述话语总是有真假吗？实际上，当一个记述话语面对事实时，我们对其进行评价时所使用的大量术语与我们用 143
于评价施行话语的术语重叠。真实的生活与逻辑理论所想象的简单情境不同，在其中人们不能总是以一种简单的方式回答“它是真的还是假的”这个问题。

假如我们把“法国是六边形的”与事实相比较，那么在该情形下，对法国而言，它是真的还是假的？如果你愿意，那么在某种程度上它是真的。当然，我能理解你由于某种意图和目的而说它为真究竟是什么意思。或许，对于一位高级军官而言，这个说法已经够用，但对于一位地理学家而言，并非如此。我们应该说，“事实上它是相当粗略的”，“并且作为一个相当粗略的陈述，它又是相当好的”。但是这时有人会说：“但是，它是真的还是假的呢？我并不介意它是否粗略；当然它是粗略的，但是它必须是真的或假的——因为它是一个陈述，难道不是吗？”那么，该如何回答这个问题呢？“法国是六边形的”到底是真是假？它仅仅是粗略的，而关于“法国是六边形的”与法国之间关系，这是一个正确的结论性的回答。它是一个粗略的描述，不是一个或真或假的描述。

其次，对或真或假的陈述而言，正如对或好或坏的劝告而言一样，话语的意图、目的以及话语的语境是很重要的。在中小学教科书上被判定为真的东西，可能在一篇历史研究论文中并非如此。请考虑一下“拉格伦勋爵打赢了阿尔玛战役”这个记述话语，我们应该记住，如果真有阿尔玛战役的话，那么这个战役是一场士兵之战[①]，并且拉格伦勋爵的命令从未传达给他的某个下属。那么，拉
144 格伦勋爵有没有打赢阿尔玛战役？当然，在某些语境中，或许在一本中小学教科书中，这样说是完全有道理的——它或许是某种夸张之事，并且为此给拉格伦一枚勋章也不会存在任何问题。正如“法国是六边形的”是粗略的一样，“拉格伦勋爵打赢了阿尔玛战

---

① 士兵之战（soldier’s battle）：指士兵的勇气和力量而非将领指挥起到主要作用的战役。——译者注

役”是夸张的，在某些语境中合适，而在另一些语境中则不合适。拘泥于它的真假是没有意义的。

第三，让我们考虑一下“所有的雪雁都迁徙到拉布拉多半岛了”是否为真这一问题。或许，某一次，有一只受伤的雪雁无法穿越整个迁徙旅途。面对这样一个难题，很多人合理地声称，以“所有(All)……”作为开头那些话语是规范性的定义，或者是要求人们采纳某个规则的建议。但是采纳什么规则呢？产生这个想法的部分原因是不理解这种陈述的所指，即这种陈述的所指限定在已知事物的范围内。我们的确不能简单地断言，陈述的真实性取决于事实，而与有关这些事实的知识无关。假设在发现澳大利亚之前某个人说“凡天鹅皆白”。如果后来你在澳大利亚发现了一只黑天鹅，那么这个人被你驳倒了吗？这时他的陈述是假的吗？未必如此：他会收回这句话，但他可能说“我当时并非无限制地谈论所有地方的天鹅，譬如说，我当时并未陈述可能存在于火星上的天鹅”。所指确实依赖说话时的背景知识。

陈述的真假受它们所忽视或所添加的东西影响，并且陈述被
误导也会影响它们的真假。譬如说，描述被看作是有真假的，或者 145
如果你愿意的话，它们可以被看作是“陈述”，它们肯定会受到这些批评，因为描述是有选择的，是有目的地说出的。我们有必要充分地认识到，像“自由”和“不自由”一样，“真”和“假”根本不代表什么简单的东西，而仅代表在这些情境中、对这个听者而言、对这些目的和意图而言，成为正当或适当之物，或成为不适当之物的一般维度。

我们通常会说：对于陈述(以及譬如说描述)和警告等而言，在满足你的确作出警告而且你有权作出警告、你的确作出陈述或作出劝告的条件下，都会产生“你是否正确作出陈述、警告或劝告”这一问题：这不是质疑它是否适时或有用，而是就事实、你有关这些事实的知识以及你讲话的目的等而言，质疑该话语是否适当。

这个学说与实用主义者所说的许多东西完全不同，实用主义者的大概意思是，真的东西就是起作用的东西，等等。陈述的真假不仅取决于言语的意义，而且取决于在什么情境中你在做什么行为。

那么，施行话语和记述话语的区分最终还剩下什么？我们确实可以说，在我们头脑中的东西是这样的：

(a) 对记述话语而言，我们抽掉言语行为的话语施事方面（更
146 不用说话语施效方面），而集中注意话语行为方面。此外，我们使用“与事实相符合”这样一个过于简单化的观念，这个观念过于简单化的实质原因是它也会被引入话语施事行为方面。我们的目标是达到在一切情境中、对任何目的、任何听者等而言都正确的话语理想。或许，这个理想有时可以实现。

(b) 对施行话语而言，我们尽可能注意话语的施事力量，并抽掉与事实相符合这个维度。

或许，这两种抽象都不是那么合适，或许我们在这里并不真的具有这两极，而是一种历史的发展。在某些情形下，或许物理著作中的数学公式是记述话语的范例，或许发出简单的行政命令或赐予简单的名字，是施行话语的范例，在现实生活中，我们只能找到近似之物。有极少量的例子，譬如说，毫无理由地说“我道歉”或

“猫在垫子上”，正是这类例子导致有关两种不同话语的观念。但是真实的结论必定是：(1)我们需要区分话语行为和话语施事行为；(2)我们需要专门而又严格地确立，对于每一类话语施事行为(警告、估计、裁定、陈述以及描述)而言，首先我们想要它们以什么样的特别方式成为适当的或不适当的行为，其次我们想要它们以什么样的特别方式成为“正确的”或“错误的”行为，如果有这样的 147
特别方式的话；我们还要确立，对于每一类话语施事行为要使用什么样的评价术语，这些术语的含义是什么。这是一个宽广的领域，并且肯定不会导致一种简单的“真假”之分，也不会导致陈述与其它话语行为之分，因为陈述仅仅是为数众多的话语施事类型的言语行为中的一种。

更进一步说，话语行为与话语施事行为通常都仅仅是一种抽象：每一个真正的言语行为都同时是这两种行为。(与之类似，发语行为、发言行为等也仅仅是一种抽象。)但是，当然，通过可能功败垂成的手段，我们有代表性地区分出不同的抽象“行为”，这就是说，在这个情形中，在实施这些“抽象的”行为时可能产生不同类型的胡说。我们可以把这一点与第一讲对胡说的分类作比较。

第十二讲　话语施事力的分类

148 我们已经留下大量有待补充的细节，但在简短的概述之后，我们必须继续埋头向前。从我们后来提出的理论的角度看，“施行话语”与“记述话语”的区分到底如何？总的说来，对于我们已经考虑的所有话语（或许除发誓之外）而言，我们已经发现：

(1) 适当/不适当的维度，

(1a) 一种话语施事力量，

(2) 真/假维度，

(2a) 一种话语行为的意义（含义与所指）。

有关施行话语与记述话语之区分的学说与有关全部言语行为中的话语行为和话语施事行为的学说之间的关系，是**特殊**理论与**一般**理论之间的关系。对一般理论之需求的产生，仅仅是因为传统意义的“陈述”是一个抽象、一个理想，传统意义上陈述的真假也是如此。但是，在这一点上，我只是燃起有希望的星星之火。我想特别提出如下规范：

(A) 在完整的言语情境中的完整言语行为是唯一实际的现象，我们终究致力于阐明这个现象。

149 (B) 陈述、描述**仅仅**是众多话语施事行为中的**两个**名称，它们并没有什么独特地位。

(C) 特别是,在以所谓成真或成假的这一独特方式与事实相关联的问题上,它们没有独特地位,因为(真假是一种人工的抽象,对特定的目的而言,这种抽象总是可能的、合法的,除此之外)它们不是关系、性质或其它什么事物的名称,而是一个评价维度——它们所指涉的是话语如何与事实、事件、情境等处于令人满意的关系中。

(D) 由于同样的原因,我们所熟悉的"规范或评价"与事实的对照需要消除,就像许多二分法需要消除一样。

(E) 从话语行为与话语施事行为(**如果这些概念是合理的**:在这里它们只是得到初步的勾画)之区分的角度来讲,我们大可以怀疑(等同于"含义与所指"的)"意义"理论确实需要某些清除和重新表述。我承认现在做得还不够:我依靠目前的观点理解原来的"含义与所指"。但是,在这里,我们应当再次考虑因所指的崩溃而被我们称为"空的"陈述,譬如说,约翰没有孩子,但却做出"约翰的孩子都是秃子"这样的陈述。

现在我们说,显然需要开展一项更进一步的工作,一项漫长的"田野工作"。很久以前我们说,我们需要一个"显性施行式动词"一
览表,但从更一般的理论角度看,我们现在认为我们需要的是有关 150
一个话语的**话语施事力量**(illocutionary forces)的一览表。当然,在从施行话语和记述话语之区分到言语行为理论的彻底转变中,原先的**初级**施行话语和**显性**施行话语的区分,将会相当成功地幸存下来。因为我们已经看到,我们建议用于鉴别显性施行式动词("说……就是做……",等等)的那些检验方式,对于挑选如下所述的那些动词而言依然有效,而且事实上更有效:正如我们现在就要说的,这些动词可以彰显某个话语的话语施事力量,或者说可以彰显在说

出该话语时我们正在做何种话语施事行为。或许除非作为一种边界情形，否则便**不会**在该转变中存活下来的是施行话语的纯洁度概念，这不足为奇，因为这个概念从一开始就招惹麻烦。这个概念实质上以信仰施行话语和记述话语二分法为基础，我们看到，这种二分法应该被抛弃，以便利更为一般的言语行为家族。属于这个家族的言语行为相互联系和相互重叠，我们现在不得不试图对它们进行分类。

现在，我们（谨慎地）使用“第一人称单数现在时直陈式主动语态”这一简单的检验方法，以一种宽容的精神查阅词典（一本简明的词典即可），我们得到一个达到 10[①] 的三乘方数量的动词的一览表。我说过，我将尝试某种一般性的初步分类，并对这些建议性

151 的分类作出一些评述。那么，我们开始吧。我仅仅带你们“游荡”，或更确切地说，带你们跌跌撞撞地“游荡”。

我区分出五种很一般的类型，但对于这些类型，我远非感到同等程度的满意。然而，它们完全足以摧毁两个偶像，我承认我倾向于摧毁这两个偶像，即（1）真/假偶像和（2）价值/事实偶像。我按照这些话语的话语施事力量对它们进行分类，并赋予它们如下名称，这些名称多少有点令人生厌：

（1）裁决式（Verdictives）。

（2）运用式（Exercitives）。

（3）承诺式（Commissives）。

---

① 为什么使用“达到 10 的三乘方数量”这个式子，而不使用 1000？首先，它看上去给人深刻印象并且科学；其次，因为它从 1000 到 9999——一个很适当的范围，而 1000 可以被理解成“大约 1000”——范围过窄。

(4) 表态式(Behabitives)(这是一种令人震惊的类型)。

(5) 表明式(Expositives)。

我们将对它们逐个加以解释,但对于每一个类型,我首先给出一个大致观念。

一是裁决式,正如该名称暗示的,其典型范例是由某个法官、仲裁人、裁判员给出某种裁决。但是,裁决不必是最终的裁决,譬如说,它们可以是评估(estimate)、计算(reckoning)、或者评价(appraisal)。它实质上是按照某种东西——事实或价值——给出一个结果,由于种种原因这种结果难以确定。

二是运用式,即权力、权利或影响力的运用。例如,任命(appointing)、投票选举(voting)、命令(ordering)、极力主张(urging)、建议(advising)、警告(warning)等。

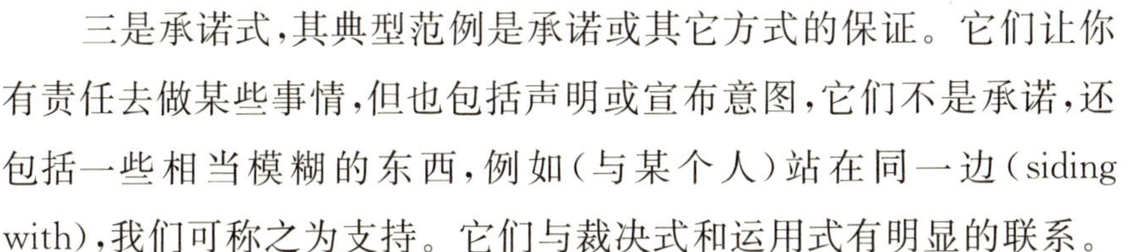

三是承诺式,其典型范例是承诺或其它方式的保证。它们让你有责任去做某些事情,但也包括声明或宣布意图,它们不是承诺,还 152
包括一些相当模糊的东西,例如(与某个人)站在同一边(siding with),我们可称之为支持。它们与裁决式和运用式有明显的联系。

四是表态式,这是很庞杂的一组,并且与态度及**社会行为**(social behaviour)相关。例如道歉(apologizing)、祝贺(congratulating)、表扬(commending)、吊唁(condoling)、诅咒(cursing)、挑战(challenging)等。

五是表明式,这很难加以定义。它们表明我们的话语如何适应某个争辩或交谈过程、我们如何使用语言,或者一般说来,它们表明我们的话语是说明性的。例如"我答复"(I reply)、"我争辩"(I argue)、"我承认"(I concede)、"我阐述"(I illustrate)、"我猜想"

(I assume)、“我假定”(I postulate)。我们从一开始就应该明白，仍然可能存在广泛的边缘情形或尴尬情形，或者仍然可能存在广泛的重叠。

我发现最后两种类型最为麻烦，它们很可能并不清晰，或者很可能交叉分类，或者甚至很可能需要一种全新的分类。在这里，我并不打算进一步加以明确。表态式的麻烦之处在于它们看上去五花八门，而表明式之所以麻烦是因为数量庞大又极为重要，并且这两种话语似乎都能被包括在其它类型的话语中，但它们同时又以某种方式成为独特的话语，对于这种方式，甚至我自己也无法成功地加以澄清。我们可以说，在我的所有类型中，上述的各个方面都会出现。

153

1. 裁决式

举例如下：

acquit(开释、宣告某人无罪)
convict(宣判某人有罪)
find(as a matter of fact)
(依据事实作出判决)
hold (as a matter of law)
(依法裁定)
interpret as(解释为、理解为)
understand(理解、解释、认为)
read it as(把它错误地当作)
rule(裁决、裁定)
calculate(计算、核算、推算、估计)

reckon(计算、数、估计、判断)
estimate(估计、判断)
locate(定位、限制、限定)
place(置于、寄托、寄予)
date(鉴定……的年代)
measure(量出、称出、估量、评估)
put it at(猜测、估计)
make it(猜想、计算、认为)
take it(猜想、以为、断定)
grade(定级、分类、打分)
rank(分等、评级)
rate(评估、估价、定级、把……看

作、认为）
assess（估价、估计、评定、核定）
value（估价、评价）
describe（描述、形容）
characterize（描述人或物的特性、描绘）
diagnose（诊断、判断问题的性质）
analyse（揭示、分析）

在对人的品质的评价或评判中还可以发现裁决式的例子，比如“我应该称他为勤勉的人”。

裁决式话语表现为，按照有关价值或事实（就其可以区分而言）的证据或理由作出官方的或非官方的裁定。裁决是司法行为，它不同于立法行为或执法行为，后二者都是运用式。但是，在更为宽泛的意义上说，有些司法行为是由法官做出的，而不是譬如由陪审团做出的，那么，它们实际上是运用式。裁决式与真和假、有理和无理以及公正和不公正之间有明显的联系。裁决的内容是真是假，譬如说，在有关裁判的“出局”、“三个好球”或“四个坏球”等判定的争辩中得到显示。

与运用式的比较 154

作为官方的行为，法官的裁定使法律得到履行，陪审团的判决使罪犯得到宣判。裁判判击球手出局、判发球违例或判犯规投球，它的裁决使该击球手出局、使该发球违例或使该投球犯规。裁决的履行凭借的是官方的位置，但是从证据角度看，它仍然有是否正确、是对是错、是否公正的问题。它不是基于赞同或反对而做出的选择。如果你愿意的话，可以把司法行为看作是运用式，但是我们必须把运用式话语“你应拥有它”与裁决式话语“它是你的”区分开来，并且与此相似，我们必须把对损害的评估和对损害的赔偿区分开来。

与承诺式的比较

在法律中，裁决式对我们自己和对其它人都有影响。给出某个裁决或某个估计确实使我们有责任去做某个未来的行为，在这个意义上说，至少就保持行为的前后一致而言，任何言语行为都是如此，甚至更甚一步，而且或许我们也知道该话语行为要求我们进一步做些什么。因此，譬如说，给出某一个判决将会使我们有责任赔偿损失。同样，对事实的解释可能使我们自己有责任去作出某个判决或评估。给出一个裁决很可能也是表达支持，它可能使我们有责任去支持某人，为他辩护。

与表态式的比较

祝贺可能暗含着对价值或品行的某种裁决。与之相同，当“责
155 备”的意义等同于“负有责任”时，该责备就是一个裁决式，但是在另一种意义下它是对某人的某种态度，因而是一个表态式。

与表明式的比较

当我说“我说明”、“我分析”、“我描述”、“我描绘”时，这种话语在一定程度上也是给出一个裁决，但它本质上与言辞问题(verbal matters)和澄清我的阐述有关。我们必须区分“我称你在野”(I call you out)与“我称之为‘在野’”(I call that“out”)。前者是一个使用言语的裁决式话语，就像“我应该把那种情况描述为怯懦”；而后者是一个与有关语词用法的裁决式话语，正如“我应该把那种情况描述为‘怯懦地’”。

2. 运用式

运用式是决定支持或反对某个行动过程，或决定为该行动过程辩护。它是决定某个事情如此这般，不同于判断它是如此这般。它拥护某个事情应当如此，而不是评估它就是如此；它是鉴赏（award）而不是评价（assessment）；它是刑罚（sentence）而不是裁决（verdict）。仲裁人和法官在说出一个裁决式话语时，也使用运用式话语。它的结果可能是其它人“被迫”或“被允许”或“不被允许”去做某事。

这是一个范围极广的类型，举例如下：

156

appoint（任命、委派）
degrade（降级、贬职）
demote（降级、降职、贬黜）
dismiss（开除、免职）
excommunicate（开除教籍、逐出教会）
name（命名、授予某种称号）
order（命令、指令）
command（命令）
direct（命令、指示）
sentence（判决）
fine（罚款）
grant（准予、授予、给予权利等）
levy（征税、扣押财产）

warn（警告、告诫、提醒）
advise（劝告、建议）
plead（恳求、央求、请求）
pray（祈祷、祈望、祈求）
entreat（恳求、请求、乞求给予）
beg（恳求某人给予、恳求得到、正式请求允许做某事）
urge（极力主张）
press（催问）
recommend（推荐）
proclaim（正式宣告、公开声明）
announce（宣告、宣称）
quash（废止、宣布无效）
countermand（召回、撤消）

vote for(赞成)
nominate(提名、任命)
choose(选择、决定)
claim(声称获得某物、索取、认领)
give(给予、托付)
bequeath(遗赠)
pardon(原谅、饶恕、宽恕、赦免)
resign(辞职、放弃、认输)
annul(废除、废止)
repeal(撤消、废止)
enact(颁布、规定)
reprieve(宣布缓期执行死刑)
veto(否决)
dedicate(谨以……献给)
declare closed(宣布……结束)
declare open(宣布……开始)

与裁决式的比较

“我坚持认为”(I hold),“我解释为”(I interpret)以及诸如此类的话语,如果是正式的,那么可能是运用式话语。在这种情形中,人们很可以说“我将解释为”(I shall interpret),这是用来检验我们说的是裁决式话语还是运用式话语的颇为不错的方法。此外,“我授予”(I award)和“我赦免”(I absolve)是运用式,而它们又建立在裁决式的基础之上。

与承诺式的比较

许多运用式,诸如许可(permit)、授权(authorize)、委派(depute)、提供(offer)、承认(concede)、给予(give)、批准(sanction)、下注(stake)以及同意(consent),事实上确实使某个人处在某一个行为过程中。假如我说“我宣战”或者“我与……断绝关系”,那么,我的整个行为目的使我在人格上为特定的行为过程负责。运用式与答应负责之间的联系,就如同意义和意味之间的联系那样紧密。显然，任命和命名的确使我们受到约束，但是我们更愿意说，它们授予权力、权利、称号等，或者改变或消除权力、权利、称号等。

与表态式的比较

像“我挑战”（I challenge）、“我抗议”（I protest）、“我赞成”（I approve）这样的运用式与表态式有紧密的联系。挑战、抗议、赞成、称赞以及推荐可以是采取一个态度或履行一个行为。

与表明式的比较

像“我撤消”（I withdraw）、“我抗辩”（I demur），以及“我反对”（I object）这样的运用式，用在争辩或谈话语境时，可以被看作是表明式。

使用运用式的典型的语境有：

(1) 委派职位、推举候选人、选举、准入许可、辞职、解雇及申请；

(2) 建议、告诫及申诉；

(3) 授权、命令、宣判及宣告废止；

(4) 制定会议规程和业务规则；

(5) 授权、索赔、指控等。

3. 承诺式

承诺式的全部要旨在于使说话者为特定的行为过程负责。举例如下：

158 promise(答应、允诺、承诺保证)
covenant(誓约、保证)
contract(订立合同、契约)
undertake(承诺、答应、保证)
bind myself(允诺)
give my word(保证、承诺)
am determined to(下定决心做……)
intend(想要做、打算、计划做)
declare my intention(表明意图)
mean to(意欲做……、打算做……)
plan(意图做……、打算做……)
purpose(旨在、以…为目标、企图、打算、决意)
propose to(提议做……、建议做……)
shall(将要、会)
contemplate(预期、打算)
envisage(设想、展望)
engage(允诺、约定、签约保证)
swear(发誓、保证)
guarantee(保证、担保)
pledge myself(发誓、保证)
bet(打赌、敢说、肯定)
vow(宣誓、立誓、发誓)
agree(约定、允诺、答应)
consent(同意、答应)
dedicate myself to(把自己献身于……)
declare for(宣布支持…)
side with(与某人站在同一边,和某人抱同样的见解)

adopt(采取、采纳、接受)
champion(支持……事业、捍卫)
embrace(欣然接受、信奉)
espouse(支持、拥护、结婚、订婚)
oppose(反对)
favour(赞同、许可、肯定、垂青)

表明意图与许诺不同,因此人们可以质疑它们是否应被归为一类。正如极力主张和命令之间存在的区分一样,我们在打算和承诺之间也有一个区分。但是,这二者都可用初级施行式“将会”(shall)加以表达,因此,我们有“可能会”(shall probably)、“将尽我最大努力做……”(shall do my best to)、“很可能会”(shall very likely)等表达方法。

这里也存在向“描述话语”的滑动。在一个极端，我可以仅仅陈述我有一个意图，但是我也可以宣布或表达或通告我的意图或决心。毫无疑问，“我宣布我的意图”的确使我受到限制，而说“我打算（做……）”一般而言就是宣布或通告。对拥护或支持（espousals）而言，情形也是如此，譬如说，“我献身于……”（I dedicate my life to）。至于像“赞同”（favour）、“反对”（oppose）、“接受……观点”（adopt the view、take the view）以及“信奉”（embrace）这样的承诺式，一般而言，你不可能陈述你的赞同、反对等，却不通告你会这样去做。按照语境，说“我赞同 X”可能是投票 159
选（vote）X、拥护（espouse）X 或赞扬（applaud）X。

与裁决式的比较

裁决式以两种方式限定我们的行为：

(a) 限定我们要去做那些与我们的裁决保持一致并且支持我们的裁决的必要的事情。

(b) 限定我们要去做那些可能是裁决的结果或可能包含在裁决结果中的那些事情。

与运用式的比较

运用式限定我们要承担一个行为的后果，例如命名。就许可式（permissives）这样的特别情形而言，我们可以追问应把它们归为裁决式还是承诺式。

与表态式的比较

像愤恨（resenting）、赞扬（applauding）和称赞（commending）这样的反应确实包含以我们建议如何做或选择如何做的方式来支持和限制我们自己。但是，从含义上说，表态式使我们受到类似行为的约束,而不是该实际行为的约束。因此,如果我责备某人,那么我仅仅对另一个人的过去行为持有某种态度,但是我只能使我自己有责任避免类似的行为。

与表明式的比较

发誓、承诺和保证某个事情的确如此,这类承诺式话语起作用的方式类似于表明式,譬如说,当你保证你已经做过某个事情而不是你将做某个事情时,情况就是如此。称为(Calling)、定义为(defining)、分析为(analysing)、设想为(assuming)构成一组话
160 语施事行为,而支持(supporting)、同意(agreeing)、不同意(disagreeing)、坚持(maintaining)、辩护(defending)构成另外一组话语施事行为,这两组话语施事行为似乎都既是表明式,又是承诺式。

4. 表态式

表态式包含两个概念:一是对他人的行为和时运的反应;二是对他人的过去行为或即将发生的行为的态度和表态。表态式话语既与陈述或描述我的感受有明显的联系,也与在表露我们的感受这个意义上的表达有明显的联系,尽管它们与这二者都不同。

举例如下:

1. 为表示道歉我们说“抱歉……”(apologize)。
2. 为表示感谢我们说“感谢……”(thank)。
3. 为表示同情我们说“对……深表遗憾”(deplore)、“感到怜悯”(commiserate)、“表示问候”(compliment)、“吊唁”

(condole)、“祝贺”、“恭喜”(congratulate、felicitate)、“同情”(sympathize)。

4. 为表达态度我们说“感到愤怒”(resent)、“不在乎”(don’t mind)、“颂扬或感激”(pay tribute)、“批评”(criticize)、“抱怨”(grumble about、complain of)、“赞许”(applaud)、“无视”(overlook)、“表扬”(commend)、“反对”(deprecate)以及“责备”(blame)、“支持”(approve)和“赞同”(favour)的非运用式的使用。
5. 为致意(greeting)我们说“欢迎”(welcome)、“向您道别”(bid you farewell)。
6. 为表达愿望我们说“保佑”(bless)、“诅咒”(course)、“为……干杯”(toast、drink to)以及“盼望”(wish)。
7. 为提出挑战我们说“敢”(dare)、“公然反抗”(defy)、“抗议”(protest)、“挑战”(challenge)。

在表态式领域,除了易出现通常的“不恰当”(inflicities),还有 161
一种因不真诚而产生的特殊的“不恰当”。

表态式与承诺式有明显的联系,因为表扬或支持既是对行为的反应,又将自己限定在某个行动路线上。表态式与运用式也有密切的联系,因为赞成可能是权威的运用,或者可能是对行为的反应。其它的处在交界处的例子还有“推荐”(recommend)、“忽视”(overlook)、“抗议”(protest)、“乞求”(entreat)和“挑战”(challenge)。

5. 表明式

表明式被用于表明行为，包括阐释观点、引导争辩以及澄清用法和所指。我们反复讲过，我们可以争论表明式话语是否同时也是裁决式话语、运用式话语、表态式话语或承诺式话语。我们也可以争论，它们是否是我们的情感、习惯等的直接描述，特别是有时在有关行为适应语词的问题上，更是如此，比如我说“我下面转到……”(I turn next to)、“我援引”(I quote)、“我引用”(I cite)、“我总结”(I recapitulate)、“我重复”(I repeat that)、“我谈一下”(I mention that)。

很可能被看作是裁决式的例子有：“分析”(analyse)、“分类”(class)、“解释”(interpret)，它们都包含运用判断的意思。很可能看作是运用式的例子有：“承认”(concede)、“强烈要求”(urge)、“争辩”(argue)、“坚持”(insist)，它们都包含施加影响或运用权力
162 的意思。很可能被看作承诺式的例子有：“定义”(define)、“同意”(agree)、“接受”(accept)、“坚持”(maintain)、“支持”(support)、“证明”(testify)、“发誓”(swear)，它们都包含承担责任的意思。很可能被看作是表态式的例子有：“表示异议”(demur)、“吃惊”(boggle at)，它们都包含采取某种态度或表达某种感受的意思。

为了更好地理解，我将给你提供一些标示表明式话语范围的一览表。处在最核心的是诸如“陈述”(state)、“断言”(affirm)、“否认”(deny)、“强调”(emphasize)、“阐明”(illustrate)、“回答”(answer)这样的例子。大量的表明式，诸如“质问”(question)、“提问”(ask)、“拒绝”(deny)等，似乎自然地涉及对话交流，但又不是必然涉及对话交流。当然，它们全都涉及沟通的情境。

下面是表明式的一览表：[①]

1. affirm（肯定、断言）
   deny（否认、拒绝）
   state（陈述、声明）
   describe（描述、形容）
   class（分类、定级）
   identify（确定、识别）
2. remark（评论、提及）
   mention（说起、提到）
   ? interpose（插话、打断）
3. inform（通知、告诉）
   apprise（通知、告知）
   tell（告诉、告知）
   answer（回答、答复）
   rejoin（应答、顶撞地回答；反驳）

3a. ask（询问）

4. testify（作证、证明）
   report（报告、报道）
   swear（发誓、诅咒）
   conjecture（推测、猜测、猜想）
   ? doubt（怀疑）
   ? know（了解、知道）
   ? believe（相信、确信）
5. accept（接受、认可）
   concede（承认、容许）
   withdraw（撤回、收回）
   agree（同意、赞同）
   demur to（表示异议、反对）
   object to（反对）
   adhere to（坚持、支持）
   recognize（承认、确认、认可）
   repudiate（否认、驳斥）

5a. correct（改正、纠正）
    revise（更正、修改、修正）

6. postulate（假设、假定）
   deduce（推论、演绎出）
   argue（争辩、坚决主张）
   neglect（疏忽、忽略、遗漏）
   ? emphasize（强调）
7. begin by（以……开始、先说）
   turn to（转向）
   conclude by（以……结束、最后说）

7a. interpret（解释、说明、阐释）
    distinguish（区别、识别）
    analyse（分析、解析）

① 这里原封不动地保留了奥斯汀的版面设计和序号编排。分组的一般意义是显而易见的，但在现存的文档上却并没有明确的解释。问号也是奥斯汀加的。——原编者厄姆森注

define(下定义、确切说明)
7b. illustrate(举例说明、阐明)
explain(解释)
formulate(阐述)
7c. mean(意味、意指、表示)
refer(指、表示)
call(把……称作)
understand(推断、猜想、以为)
regard as(把……认作)

总而言之,我们可以说,裁决式是运用判断,运用式是施加影响或运用权力,承诺式是承担责任或宣告意图,表态式是采取某种态度,而表明式是阐明原因、阐明论据和阐明信息。

像往常一样,我还是没能余下足够的时间,来说明为什么我前面所讲的东西是有趣的。现在仅举一个例子。长久以来哲学家们一直对“善”(good)这个词很感兴趣,而且最近以来,他们开始思考我们如何使用它,以及我们用它来做什么。例如,有人提议说,我们使用它来表达赞成,用它来称赞,用它来评定等级。但是,从理论上讲,在我们拥有那些话语施事行为(称赞、评定等级等仅是其中孤立的样品)的完整一览表之前,在我们知道这种行为的数量
164 及其相互之间的关系之前,我们无法真正弄清“善”这个词以及我们用它来做什么。那么,这就是我们一直在考虑的那种一般理论的某种可能应用的范例之一。毋庸置疑,还存在许多其它的实例。我有意不让这个一般理论卷入哲学问题(某些哲学问题的复杂性几乎抵得上它们的名声)的纷争中,但这并不意味着我没有意识到这些哲学问题。当然,聆听和领悟这个理论难免有一点点枯燥乏味,但其程度远逊于思考和撰写这个理论。此外,我把这个理论在哲学中运用的真正乐趣留给我的读者。

至此，在这些讲座中，我一直在做两件事情，我并不十分喜欢做这两件事情。它们是：

（1）拟定一个计划，所谓计划就是说应该做的事情，而不是做事情；

（2）讲座。

然而，对于第一件事情，我很愿意认为，对事情已经开始取得进展并将在某些哲学领域中获得发展的方式，我已经理出一点头绪，而不是公布一项个人声明。而对于第二件事情，我当然很愿意说，对我而言，再也没有什么地方比哈佛更适合做讲座了。

附　　录

165 本书最初的文本重建所依据的完全是奥斯汀本人的讲稿，我们主要使用一系列听课笔记、发表在《论文集》的有关施行式(Performatives)的 B. B. C. 演说、在法国罗奥蒙特(Royaumont)宣读的论文《施行话语—记述话语》(Performatif-Constatif)以及1959 年 10 月在哥德堡所做讲座的录音磁带来加以核对。我们发现奥斯汀本人的讲稿几乎每一处都需要来自辅助资料的细微补充，尽管它比任何一本辅助资料都更全面。某些典型的例子是从这些辅助资料中添加进来的，同时在奥斯汀自己的讲稿中未形成文字形式的一些典型的短语也是来自这些辅助资料。辅助资料的主要价值在于核查某些零零碎碎的讲稿的词序和解释。

附上一个列表，以标示对奥斯汀的原文进行添加和重建的那些较为重要的地方。(页码均为原文页码，即本书页边码)

第 7 页：第 9 行及下文。在讲稿中以“我们需要的是”(what we need is)结尾的那行后面被添加上额外的一行，内容为：“在某种程度上，至少把注意力特别引向在某些特定情形中我们想要什么。”

第 8 页：第 15—16 行的空白处有一个注解："无论如何，'说话'不是一个如此简单的概念！"

第 28 页：有关乔治（George）的例子在原讲稿中是不完整的。这里的正文主要依据 B. B. C. 的版本。

第 29 页：在一个单独的注释中对第（1）点有一个补充："甚至 166
诸如'我正在玩'这样的把某人带到程序中的程序仍有可能被完全拒绝。"

第 33 页：第一段从第 3 行到结尾是编者对非常简明扼要的原文的扩展。

第 35 页：从本页的第一行一直到该讲座的最后一段（但不含最后一段）的内容是由奥斯汀在不同时间所做的笔记的各种不完整版本混合而成的一个版本。

第 42 页：在空白处对本页第 1 行有一个补充："这里限制在'思想'上"？

第 44 页：空白处对本页最后一行有补充："这里或许可以分为'道德上的'责任和'严格的'责任两类：但对于不能归为这两类中任何一类的'威胁的'又如何呢！"

第 52 页：空白处对第一行有注解，内容为：

说，假定(to say、presupposes)

说暗含着(saying implies)

你说的内容推导出(what you say entails)

第 52 页：最后一段是主要基于乔治·皮切(George Pitcher)先生的笔记，对奥斯汀的讲稿进行扩充。

第 64 页：从这个地方到该讲座结尾，这个文本是由奥斯汀1955 年前所做的两组笔记合并而成的。1955 年的讲稿在此处只是只言片语。

第 70 页：从“现在我们可以说”(Now we can say)到本段最后是对奥斯汀本人讲稿的推测性扩展，奥斯汀原讲稿内容为：“现在我们使用‘如何理解它’以及‘如何使它变清楚’(甚至，可以想象地‘陈述到’)：但是它不是真的或假的，不是描述或报道。”

167 **第 73 页**：该页第 1 行空白处补充到：“语言的进化需要标准。”

第 73 页：以“显性……”(The explicit...)开始的那段的空白处补充到：“？引人误导：与精确比较，它是那个方法。”

第 90 页：第 20 行空白处补充到：“并且非显性履行二者。”

第 93 页：在奥斯汀本人讲稿中，第 7 讲到此结束。来自哈佛的笔记显示，第 7 讲包括第 8 讲的开头部分，本书基于此。

第 95 页：第 14 行到第 16 行的空白处的注释："说恒等于(≡)决断性的陈述。"

第 103 页：本页顶端的空白处有标记为 1958 年做的注解：

注意：(1) 这些全都不是清楚的！区别等。

(2) 并且在所有相关意义上((A)和(B)或(C))中，所有话语不都是施行话语吗？

第 105 页：第 7 行的"像意味一样"(like implying)是基于皮切的笔记。奥斯汀原文为"或者'意味'，与它相同吗？"

第 107 页：第 29 行到该段结尾是基于辅助资料补充的。奥斯汀本人讲稿中并不存在。

第 116 页和第 117 页：对(1)和(2)的阐释是依据皮切的笔记补充的。

第 118 页：以"因此这里有……"(So here are...)开始的那段是依据皮切的笔记补充的。

第 122 页：从第 3 行"一个判决……"(A judge...)到本段结尾是依据皮切的笔记补充的。

第 124 页:“冻墨水”(iced ink)例子,尽管在奥斯汀的学生中广为流传,却并未出现在讲稿中。它是依据众多辅助资料补充的。

168 **第 130 页**:(a)和(b)是基于辅助资料对非常简明的讲稿的扩充。

第 137 页:本页结尾的讲稿文字为:“因为契约所涉及的对象不存在——所指的崩溃(全然模糊或根本不存在),所以契约经常为空。”

第 138 页:在讲稿原文第一段最后一行前我们看到:“(注意:说当然绝不是陈述)(‘说’也有自身的含糊性)。”

第 144 页:以“第三……”开头的那段是基于皮切先生和第贸斯(Demos)先生的笔记而对原文的扩展。

第 145 页:在原文中第 15 行“were right in” 覆盖在“right to”之上,但“right to”未被划掉。

第 156 页:在与裁决式对比的空白处有一个注释:“参见宣战、宣布关闭、宣布处于战争状态。”

第 158 页:在以“将非常可能”(shall very likely)结尾的那段

之后有一个注释:“承诺我将可能会”。我们认为奥斯汀不打算把它作为一个承诺用法的例子。

第160页:在第6类“为……干杯”(toast 和 drink to)下面有一个注释:“或者使行为适应话语。”

第163页:从“像往常一样,我还是未能……”(I have as usual failed...)到最后是对奥斯汀的讲稿的扩充,其部分依据是奥斯汀另外一份单独的简短手稿,并且这个扩充得到听课笔记的确认。

J. O. 厄姆森

M. 斯比萨

索　　引

本索引包括主题和术语，以及它们的许多有意义或一再重现的阐释。覆盖内容的简明性是这个索引的目标。

所标页码为本书边码，斜体页码表示相关的表达形式以引述的方式出现在那些页码中。

图书在版编目(CIP)数据

如何以言行事:1955年哈佛大学威廉·詹姆斯讲座/(英)J. L. 奥斯汀著;杨玉成,赵京超译. —北京:商务印书馆,2017
(汉译世界学术名著丛书:120年纪念版:珍藏本)
ISBN 978-7-100-14616-6

Ⅰ. ①如… Ⅱ. ①J… ②杨… ③赵… Ⅲ. ①言语行为—研究 Ⅳ. ①H0

中国版本图书馆CIP数据核字(2017)第152493号

汉译世界学术名著丛书
(120年纪念版·珍藏本)
如何以言行事
1955年哈佛大学威廉·詹姆斯讲座
〔英〕J. L. 奥斯汀 著
〔英〕J. O. 厄姆森
〔意〕玛丽娜·斯比萨 编
杨玉成 赵京超 译

商 务 印 书 馆 出 版
(北京王府井大街36号 邮政编码100710)
商 务 印 书 馆 发 行
北 京 冠 中 印 刷 厂 印 刷
ISBN 978-7-100-14616-6

2017年12月第1版 开本 710×1000 1/16
2017年12月北京第1次印刷 印张 12¼
定价:65.00元